감염방지의무 위반의 법적 책임론

민국현

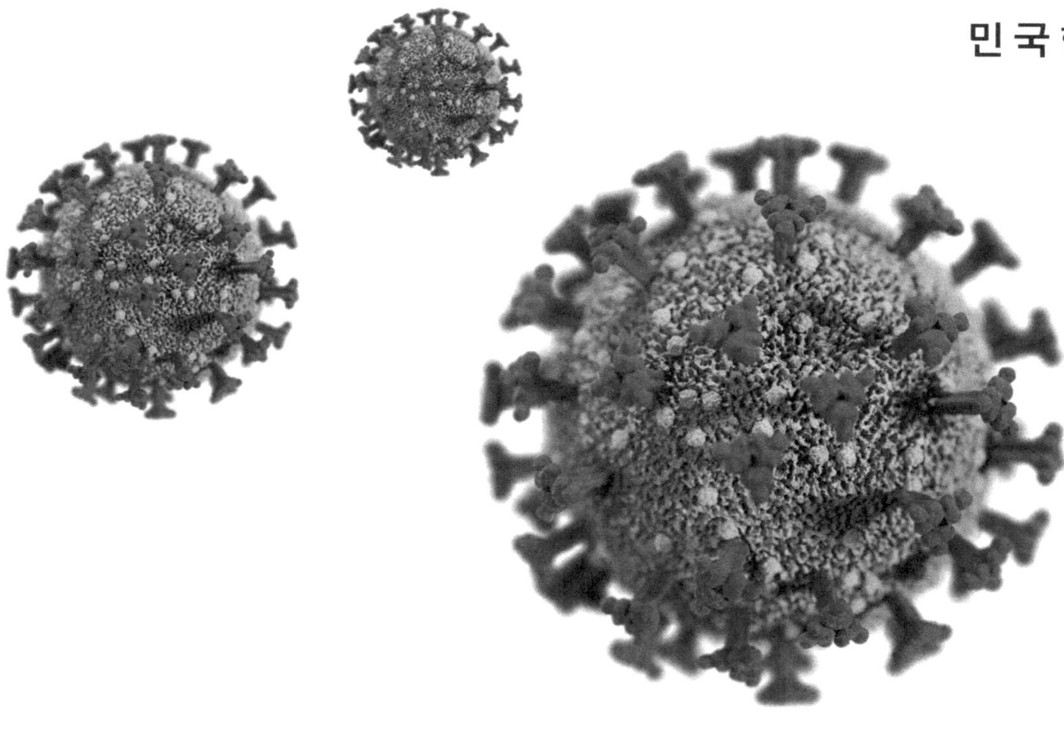

도서출판
디자인

감염방지의무 위반의 법적 책임론

민국현

머리말

필자가 이 책을 쓴 계기는 동국대에서 법공부하던 시절 생계유지를 위해 일을 다니며 공부하면서 두 번의 바이러스 사태를 겪으면서 경제적 피해와 신체적 피해를 입고 나서부터였다. 메르스 사태는 직장을 잃게 하였고, 코로나바이러스19 사태는 건강을 잃게 하였다. 처음 이 책을 쓰기 위해 연구를 시작한 시점은 메르스 사태가 일어났던 시점이였고, 코로나바이러스19 사태가 일어난 시점에 완성되었다. 감염병 확산은 예측가능하기 힘든 상황에서 피해자가 발생한다. 국가손실보상 제도가 있지만, 코로나바이러스19 사태를 보면 방역 체계와 함께 국가손실보상 제도의 부족한 점을 많이 느꼈다. 그런 부족한 부분을 보완하기 위한 수단으로는 감염병 피해자 스스로 권리규제수단으로 변호사 사무실을 찾아가 민사소송을 진행하는 것이다.

그런데 우리 법률가들도 아직까지 코로나바이러스19 사태처럼 자신이 감염된 사실도 모른 채 피해자가 가해자가 되기도 하는 등, 무한적 연결고리가 발생한 사례에서 판례의 축적이 부족하다 보니 불법행위 법리 체계로 민사소송이 가능하다는 점만 알 수 있을 뿐이다. 물론 처음에는 국가손실보상 청구부터 진행 하는 것이 옳은 판단일 것이다. 그러나 만약 국가손실보상 청구 진행이 잘 되지 않거나, 보상금액이 적을 경우에는 민사소송을 진행하여 손해배상 청구를 해야만 한다. 민사소송을 진행한다면 판례의 축적이 부족한 상황에서 우리 법률가들은 판례의 축적을 개척해 나가며 감염병 피해자를 법률적으로 도와야 한다. 필자는 바로 이 부분에서 민법적 관점에서 감염방지의무 위반의 법적 책임에 대한 이론 확립이 중요하다고 생각하였고, 이 책을 세상에 내놓아야 한다고 생각하였다.

저자

차례

요약

이 책은 민법적 관점에서 감염방지의무의 법적 성질과 그 위반의 성질, 감염방지의무 위반의 인과관계 입증책임과 민사책임에서 손해배상 범위론, 감염병 피해자의 보호 방안에 대해서 검토하였다.

감염방지의무의 법적 성질은 행정 규제에서 감염병의 예방 및 관리에 관한 법률(약칭 감염병예방법)에서 법적 의무와 민법에서의 법률행위에서 신의칙상으로 포섭하여 사회생활상의 감염방지의무가 있다.

감염방지의무를 위반하여 피해자가 발생하면 피해자는 행정 규제상인 감염병예방법상에서 손실보상청구권을 행사할 수 있고, 여기서 당사자는 정부 또는 질병관리청과 사인 간의 관계가 된다. 그와 반면에 피해자가 민법상 직접 가해자에게 불법행위책임으로 손해배상청구권도 행사할 수 있는데, 여기서 당사자는 사인과 사인 간의 관계로 구분할 수 있다.

감염병예방법에서 행정 규제상인 손실보상제도는 민법상의 불법행위책임 체계로 보고 있기 때문에 정부 또는 질병관리청과 사인 간의 관계이든, 사인과 사인 간의 관계이든 손해배상 범위는 민법상 불법행위책임에서 검토가 이루어진다. 그래서 민법상 손해배상 범위에서는 우리 민법 제393조에서 계속적인 손해배상 책임 인정을 제한하는 것으로써, 현재 다수설과 판례인 상당인과관계설에 의한 경험칙에 의존하는 상당성보다는 행위규범설을 보완한 상당인과관계로 접근하는 것이 중요하다. 현재 우리나라 손해배상에 대한 민법 규정은 독일의 규정에서 계수하였기 때문에 모든 분야의 손해배상 범위론에서 통상손해와 특별손해에서 범위를 결정하고 있다. 특히 감염병 피해자 사례의 경우에 특별손해 부분에서 충분히 손해배상 범위를 합리적으로 접근할 수 있다.

만약 피해자가 무증상인 채로 있다가 완치되었다면, 나중에 후속손해가 발생한 경우에 그 가해자는 경과실을 범한 자에게 적용되는 민법 규정은 765조에 의해 배상액을 감경하는 이론을 적용하여 손해배상 범위를 산정할 수 있다.

그 외에도 감염병 피해자의 보호방안으로 민사소송 시 보건 및 의료 전문가 증언제도 도입, 악의의 감염병 가해자에게 징벌적 손해배상제도 도입, 악의의 감염병 가해자의 소멸시효 기간 제한, 민법적 관점에서 의사의 응급환자 이관 시 해석론적으로 정당성 부여, 감염병관리센터 도입 및 활성화 등을 제시하였다.

제1장

서론

제1절 연구의 목적

2019년 12월부터 코로나 바이러스19의 위기는 전 세계적으로 확산할 당시만 해도, 과거 사스 및 메르스의 경우처럼 일정기간이 지나면 종식될 것으로 보았다.[1] 메르스 사태 당시는 단 한 명의 여행자로 인해 단시간 만에 감염자 186명, 39명을 사망으로 이끈 것을 보고 전 세계를 강타한 제2의 사스로 명명하기도 했지만.[2] 그러한 메르스도 종식 되는데 오랜 시간이 걸리지 않았으므로, 이번 코로나 바이러스19 사태도 곧 종식될 것으로 본 것이다. 그러나 코로나 바이러스19는 예상을 넘어서서 전 세계적으로 전파되는 확산규모와 속도는 상상을 넘어섰고, 2021년 12월 12일 세계기준 확진자 수는 2억7천 만 명이 넘어섰고, 사망자수는 5백32만 명을 넘어섰다. 우리나라도 같은 기간 기준으로 확진자 517천명을 넘어섰고, 4천253명이 사망하였다.[3] 또한 코로나 바이러스19의 변형인 알파, 베타, 감마, 오미크론 등은 돌파감염의 위험까지 더해져 더욱 강해진 신종 바이러스로 변모될 것이 예상되어 코로나 바이러스19의 종식이 과연 가능할지에 대한 우려와 함께 미국, 영국, 프랑스, 일본, 독일, 러시아 등은 신종 바이러스로 인한 위기가 장기간 이어질 것으로 보고 있는 상황이다.[4]

현재 의료 및 보건계에서는 코로나 바이러스19 사태에 대응하기 위해 국내 백신 및 치료제를 개발하고 있으나 여전히 안정성의 논란이 많고, 해외 백신 및 치료제 확보에만 희망을 기대할 수만은 없는 상황이다. 이미 영국에서도 현재 개발된 백신으로는 잡을 수 없는 변이된 바이러스가 발견되었고,[5] 변이된 바이러스도 효과를 볼 수 있는 범

---

1) 김천수, "감염방지의무와 민사\9조 제5호, 법조협회, 2020, 8면.
2) 전병주, "신종 감염병 전염과 국가의 손해배상책임에 관한 연구-메르스 판결을 중심으로", 인문사회21 제11권 제3호, 사단법인 아시아문화학술원, 2020, 1980면.
3) https://coronaboard.kr/(2021. 12. 11. 최종방문)
4) http://www.sisajournal.com/news/articleView.html?idxno=228518(2021. 12. 11. 최종방문)
5) 연합뉴스, 해외유입 변이 바이러스 감염자 6명 추가 확인…누적 94명, 2021. 2. 14.(https://www.yna.co.kr/view/AKR20210214034600530?input=1195m)(2021. 11. 21. 최종방문)

용 백신[6]이 나오기 까지는 코로나바이러스19 사태는 앞으로도 장기화가 될 것으로 예상된다. 이런 상황에서 우리나라 국민은 의학 및 보건계에만 의지할 것이 아니라, 의학 및 보건계 전문가와 정부의 권고사항에 대한 협조 의식이 필요하다.[7] 여기서 국민 의식은 본인 스스로 피해자인 코로나바이러스19의 숙주가 되지 않도록 조심함으로써, 본인뿐만 아니라 불특정 다수인에 대해서도 가해자가 되지 않도록 하는 협조 의식을 말한다. 그렇다면 국민이 지켜야 하는 감염방지의무의 법적 성질은 무엇인지 의문이 든다. 특히 감염병의 경우는 현재 행정규제상으로 감염병의 예방 및 관리에 관한 법률(이하, 본문에서는 감염병예방법으로 약칭함)이 규정되어 있어, 본 논문이 민법적 관점의 논문이기 때문에 감염병예방법상과 민법상의 법적 성질을 같이 살펴볼 필요가 있다.

감염병 사태에서 인과관계에서는 그 특성상 가해자의 감염방지의무 위반행위에 의해 불특정 다수인의 피해자가 발생하는 경우가 많고, 그 가해자도 또 다른 가해자에 의한 피해자인 경우도 많다. 다시 말하면, 이러한 인과관계 연결고리 속에서 선의의 자와 악의의 자가 같이 연결되어 있다면, 선의의 자는 억울한 입장이 되어버리기 때문에 그들을 보호할 필요가 있다. 따라서 인과관계 단절의 법리도 같이 검토가 필요하다.

인과관계 입증책임에서는 일반적으로 감염병과 관련된 소송이 정부 또는 질병관리청을 상대로 손실보상 청구 소송이거나, 민사소송에서는 제약회사 측과 제조물 책임에서 불법행위 손해배상 청구 소송이기 때문에, 감염병 사태에서 일반인과 일반인 간에 민사소송 사례는 없다. 다시 말하면, 피해자의 입증책임에서는 정부 또는 질병관리청, 제약회사를 상대로 소송 시에는 피해자의 입증책임을 감경하는 연구가 많은데, 일반인과 일반인 간의 소송에서는 공평의 이념을 고려하여 피해자의 입증책임을 감경하는 연구가 부족하다. 따라서 이 부분에 대해서도 검토가 필요하다.

손해배상 범위에서는 일단 피해자가 먼저 손실보상 청구를 진행하겠지만, 심사에서 보상금 지급이 인정되지 않거나, 보상금 지급은 인정되어도 보상금액이 적은 경우에 피

---

6) YTN, 코로나19 변이 다 잡는 범용 백신 1년 내 나올 듯, 2021. 2. 15.(https://www.ytn.co.kr/ln/0104_ 202102150726368586) (2021. 11. 21. 최종방문)

7) 김천수, “감염방지의무와 민사책임”, 9면.

해자가 직접 가해자에게 민법상 불법행위 법리 체계에서 손해배상 청구 소송을 진행할 수 있다. 이런 경우에 손해배상 범위는 가해자의 과실의 정도와 피해자의 본인 손해 발생에 기여한 부분도 같이 고려해서 산정해야 한다. 그래서 일단 기본적으로 피해자가 본인 손해 발생에 기여한 부분을 책임 제한 사유로 본다면, 먼저 가해자의 행위와 피해자의 손해 발생에서 가해자의 행위를 통상적인 행위 정도와 경과실 정도로 나눠서 손해배상 범위 이론을 검토할 필요가 있다.

따라서 본 논문에서는 감염방지의무의 개념을 먼저 살펴보고, 국가 방역 차원에서 감염병 피해자의 개인정보보호에 대해서도 어느 정도 수준까지 공개를 해야 하는지도 같이 검토하고자 한다.[8] 그리고 민사소송에서 피해자의 입증책임 문제를 해결할 수 있는 방안도 검토하고,[9] 민법상 불법행위책임의 법리에서 감염병 피해에 대한 손배배상 범위 문제에서도 과실 정도에 따라 그 범위를 어디까지로 보아야 할지도 검토하고자 한다.[10] 마지막으로 앞으로 감염병 피해자를 보호하는 방안으로 입법적인 개선사항과 제도적 개선사항이 있는지도 검토하고자 한다.

---

8) 국가 방역 차원에서는 특히 언론과 관련하여 감염병 피해자와 가해자의 개인정보가 공개가 되는데, 이는 언론 보도의 내용이 감염병의 발생 현황이지만 결과적으로 숙주가 된 감염자 개인의 사적 사항이라고 할 수 있다. 문제는 감염자와 밀접 접촉한 사람들이 누군지 식별할 수 있는 정보가 개인의 동의 없이 공개되어 사생활의 부당한 공표가 될 수 있다는 점이다. 이러한 경우 공공의 이익과 사생활 자유의 충돌로 볼 수 있고, 과연 불법적인 침해로 볼 수 있는지가 핵심이 되는 문제이다(박미정, "감염병 대응관련 언론보도와 개인정보보호", 언론과 법 제15권 제3호, 한국언론법학회, 2016, 299면).

9) 판례에서는 개연성이론과 역학적 인과관계 이론을 적용하여 피해자의 증명책임을 완화하려고 하지만 그래도 여전히 힘든 상황이다(박종원, "환경오염피해 배상 및 구제 제도 개선을 위한 입법방안 연구-환경오염피해 배상책임 및 구제에 관한 법률에 따른 행정적 구제제도를 중심으로", 법과 정책연구 제15권 제4호, 한국법정책학회, 2015, 1323-1324면).

10) 손해배상 범위의 문제에서는 감염병 방지협력의무 위반과 법익침해 사이의 조건적 인과관계, 그 조건에 해당하는 위반자가 특정된 경우 그 조건과 피해 사이의 무수한 중간 사실들과 평가, 조건적 인과관계가 증명되고 단절이 부인되어 기타 책임 요건이 구비된 경우 그 후속 피해들에 관한 배상범위론의 문제, 감염병 방지협력의무 위반자에게 귀속될 손해액 산정과 한도의 문제, 특히 경과실 전파자의 배상액을 감경할 것인지 여부 등을 검토하여야 한다(김천수, "감염방지의무와 민사책임", 9-10면).

제2절 연구의 범위와 방법

Ⅰ. 연구의 범위

현재 행정 규제상 감염병예방법 제70조(손실보상)와 동법 제70조의4(감염병환자등에 대한 생활지원)의 규정은 피해자 보호방안이라는 입법 취지가 있다고 볼 수 있다. 최근 2021년 7월 7일에 본조 신설된 소상공인 보호 및 지원에 관한 법률 제12조의2 규정도 소상공인의 손실보상에 대한 보호방안이라는 입법 취지가 있다고 볼 수 있다. 그런데 만약 피해자가 손실보상 청구를 하였지만, 심사에서 손실보상이 이루어지지 않거나, 심사에서 지급이 이루어졌어도 손실보상금이 적을 경우에는 피해자가 직접 가해자에게 민법상 불법행위 손해배상 청구 소송을 진행할 수가 있다. 따라서 사인과 사인 간의 감염병 사례에서는 민법상 불법행위 법리 체계에서 포섭하여 검토가 필요하다. 그리고 감염병 사태에서는 사인과 사인 간의 동등한 관계에서 민사소송 사례가 없고, 이와 관련된 연구도 부족하다 보니, 본 논문에서는 민사법적 책임에 비중을 두어 검토하고자 한다. 그래서 이와 관련하여 민법법적 책임에서는 감염방지의무의 법적 성질과 당사자 중에 피해자에게 입증 책임이 있는 입증책임 문제, 불특정 다수인들 간의 인과관계 연결 고리의 단절, 경과실을 고려한 손해배상 범위를 검토하고, 감염병 피해자에게 어떠한 보호방안이 있는지도 같이 검토하고자, 본 논문에서는 크게 5장으로 구성되어 있다.

제1장에서는 연구의 목적과 연구의 범위와 방법을 소개한다.

제2장에서는 먼저 제3장에서 민사책임을 검토하기 전에 그 책임의 뿌리라고 볼 수 있는 감염방지의무 위반에서 감염방지의무의 법적 성질을 먼저 검토해야 한다. 그래서 감염병예방법상에서 공법상의 관점과 민법상에서 신의칙상의 생활상이라는 관점으로 나눠서 법적 성질을 살펴보고, 이와 관련된 입법례를 국내와 해외로 나눠서 살펴본 다음, 감염방지의무 위반하면 일반적으로 어떠한 책임이 발생하는지 살펴보면서, 방역 차원으로 감염방지를 위한 강제성이 있는 조치는 그 의무자에게 헌법상 보호되는 권리의 침해

가 적절한 것인지도 검토할 것이다.

제3장에서는 민사법적 책임에 대한 내용으로서 먼저 감염방지의무를 위반하면 형사책임과 민사책임을 같이 살펴보고, 민법상 감염병 피해 사례에서는 당사자가 서로 일반인인 경우에 입증책임의 문제점이 무엇인지 살펴보고, 그에 대한 개선방안을 제시하고자 한다. 그러면서 민법상 손해배상 범위에서 보호하고자 하는 법익이 무엇인지 먼저 살펴보고, 손해배상 범위를 산정하는 이론을 검토하고자 한다. 손해배상 범위를 산정하는 이론을 검토하는 부분에서 불특정 다수인이 감염되는 연결고리 속에서 가해자는 또 누군가에게 감염되었을 수도 있기 때문에, 통상적인 감염방지의무 위반자와 감염방지의무 경과실 위반자로 나눠서 검토하고, 항상 감염병의 경우는 잠복기간이 있는 점을 고려하여 소멸시효 기산점도 같이 검토하고자 한다.

마지막으로 제4장에서는 감염병 피해자의 보호방안을 살펴보는 부분으로서, 행정법적인 보호방안 외에 민법적인 관점에서도 어떠한 보호방안이 있을지 제시하는 부분이라 볼 수 있다. 통상적인 경우에는 입증책임 감경을 위해 입증책임 전환이나 표현증명을 논할 수 있을 텐데, 사인과 사인 간의 당사자가 양측 다 일반인인 경우 민사소송 시 불공평하지 않으면서도 입증책임의 부담을 감경시켜주는 제도 중에 보건 및 의료 전문가 증언제도를 검토할 필요가 있다. 그리고 민법적 관점에서 의사가 이익교량상 불특정 다수인의 보호가 우선으로 판단 시 응급환자 이관의 정당성을 부여하고, 악의의 감염병 가해자에게 징벌적 손해배상제도 도입으로 형사책임뿐만이 아니라, 민법상에서도 피해를 견제하거나 예방하는 효과를 줄 수 있고, 3배가 넘지 않는 범위 내에서 피해자에게 손해배상금을 지급하게 되어 경제적 사정에도 도움이 되는 입법적인 개선방안 등도 제시하고자 한다. 그 외에도 입법적인 개선 사항들과 감염병관리센터 확대 및 활성화 등도 함께 제시하고자 한다.

Ⅱ. 연구의 방법

본 논문은 일단 전체적으로 설명을 하자면, 우리나라 감염병 피해 사례로 사인과 사인 간의 사이에서는 민사상에서는 불법행위법리 체계에서 포섭하여 금전배상인 손해배상금으로 권리구제가 가능할 것이다. 그런데 그동안 감염병 피해자들의 구제 사례를 보면 대부분 정부 또는 질병관리청이나 병원을 상대로 소송을 진행하거나, 제약회사를 상대로 소송을 진행하는 편이기 때문에, 코로나바이러스19 사태처럼 사회적 재난이 일어난 상황에서는 같은 일반인들 간의 감염 사례가 많이 발생하다 보니 소송 진행 시 입증책임 문제와 손해배상 범위에 대한 연구가 중요하다.

따라서 본 논문에서는 불특정 다수인들이 감염되는 연결고리 속에서, 당사자가 일반인들 간이라면 감염병 가해행위와 손해발생 사이의 인과관계 입증 문제에서, 특히나 잠복기간이 있는 감염병이라면 입증하는데 어려움이 많을 것이다. 그래서 이러한 문제점과 개선방안을 알아보고, 이러한 사례가 부족한 만큼 일반인 당사자 간의 입증책임 문제와 손해배상 범위에 대한 이론을 검토하고자 한다.

본 논문에서는 연구방법을 아직 사회적 재난인 감염병으로 일반인들 간의 손해배상 소송 사례가 부족하다 보니 사례분석보다는 문헌분석의 연구를 채택하였다. 그래서 먼저 문헌분석을 토대로 감염방지의무의 법적 성질이 무엇인지 살펴보고, 감염방지의무의 근거가 되는 입법례를 국내외로 살펴본 후, 그 의무를 위반하면 어떠한 책임이 따르는지 감염병예방법상과 민법상의 입법례의 규정을 근거로 살펴볼 것이다.

민사법적 책임 발생에서 당사자가 일반인들 간이라면 어려운 입증 문제를 기존에 불법행위법리 체계에서 피해자에게 입증책임 있다는 원칙을 지키면서, 소송 당사자가 일반인들 간인 점을 고려하여 잠복기가 있어 입증하기 어려운 문제에서 외국에서 도입할 제도가 있는지 살펴볼 것이다. 그러면서 민사상에서 일반인들 간의 손해배상 소송 사례가 부족한 상황을 고려하여 민사책임에서 중요한 피해자의 손해배상 범위를 산정하는 이론을 살펴보고, 감염병 피해에서 빠질 수 없는 소멸시효 기산점도 함께 살펴볼 것이다. 마지막으로 피해자의 손해배상 권리구제 뿐만이 아니라, 그 외에도 감염병 피해자의 보호방안으로 징벌적 손해배상 제도, 입법적인 개선사항들도 같이 살펴보면서 행정법적인 측면뿐만이 아니라, 민법적인 측면에서도 올바른 개선방안을 돌출할 수 있도록 할 것이다.

결론적으로 주로 문헌분석을 토대로 하면서 부족한 부분은 비교법적인 접근방법으로 감염방지의무 위반에 대한 법적 책임을 검토할 것이다.

제2장

감염방지의무의 개관

제1절 감염방지의무의 의의와 법적 성질

Ⅰ. 감염방지의무의 의의

감염방지의무는 숙주를 인체에 한정하여 '감염의 방지'란 두 측면 즉 '자신의 감염'을 방지하는 것과 '타인에게 전염'을 방지하는 것을 모두 포함하는 것으로서 개인의 의무에 한정한다면, 공동체 구성원 개인의 관점에서 스스로 감염병에 감염되지 않도록 하며 타인에게 감염병의 전파를 야기하지 않도록 할 의무라고 정의할 수 있다.[11]

감염방지의무의 근거가 되는 법률로는 감염병예방법, 결핵예방법, 후천성면역결핍증예방법, 재난 및 안전관리 기본법 등이 있다. 이들 중에 감염병예방법상에서는 감염방지 관련 조항을 다양하게 두고 있는데, 그 수범자가 국가나 지방자치단체인 조항, 의사 등 의료인인 조항, 의료인 아닌 보건의료관련 기관의 장이나 직원인 조항, 관련업무 종사자인 조항 등 다양하다.[12]

독일의 경우에는 감염병예방법이 특별경찰법의 성격을 가지고 있는데 개별수권조항과 일반수권조항으로 구별하고 있다. 예를 들면, 감염병예방법 제28조 제1항은 감염병예방법 영역에서의 일반수권조항으로서 '감염병의 확산 방지를 위하여 필요한 보호조치를 할 수 있다'고 규정하고 있고, 개별수권조항에서는 동법 제29조의 감시, 동법 제30조의 격리조치, 동법 제31조의 직업활동금지에 관한 규정이 있다. 또한 동법 제2조에서 규정하고 있는 '감염병 환자', '의심환자', '감염의심자'등의 개념은 누구를 대상으로 감염병예방법상의 조치들을 취할 것인지에 대해 규정한 것으로써, 경찰법상 책임의 원칙에 상응한다고 이해할 수 있다.[13] 그와 반면에 우리나라는 감염병예방법상의 근거규정이 행정법상의 성질을 띠고, 그 위반에 대한 제재는 형사처벌의 성질을 띠는 것으로 보인다.

---

11) 김천수, "감염방지의무와 민사책임", 11면.

12) 김천수, "감염방지의무와 민사책임", 13면.

13) 박원규, "감염병예방법상 이동제한조치에 대한 법적 검토-코로나19 관련 독일의 법적상황 및 논의를 중심으로", 경찰법연구 제18권 제2호, 한국경찰법학회, 2020, 108면.

Ⅱ. 감염방지의무의 법적 성질

1. 감염병예방법상의 관점

감염방지의무는 공동체 구성원 개인의 관점에서 스스로 감염병에 감염되지 않도록 하면서, 타인에게는 감염병의 전파를 야기하지 않도록 할 의무라고 볼 수 있다. 그런데 스스로 본인의 감염을 방지할 의무의 이행으로 의무자 자신의 신체적 인격법익만 보호되고, 그 의무 설정 목적에 국가 등의 재산적 법익과 같은 타인의 법익을 보호하는 것이 포함되지 않으면 안 된다. 따라서 자신의 감염을 방지할 의무는 책임요건으로서의 행위론에서 언급되는 의무는 아니다. 이 경우 그의 피해에 배상책임을 질 가해자가 있어서 그에게 손해배상 청구할 경우 자신의 감염을 방지할 의무 위반은 산정론에서 언급될 책임제한 사유로 고려될 수 있을 뿐이다. 다시 말하면, 항상 그 손해의 조건이 되는 행위에 손해배상책임이 귀속되는 것은 아니며, 손해배상책임의 일반 성립요건이 구비되면 비로소 그 의무 위반자의 민사책임이 인정되는 것이다. 결국은 그 성립요건이 구비되었는지는 감염병예방법상에서[14] 사회생활상 의무의 하나로 인정될 수 있고, 감염병예방법상 외에도 조리나 신의칙이라는 민법 조항을 경유하며 그 위반의 민사법적 책임 근거로 가능하게 된다.[15] 따라서 감염병예방법상에서 감염방지의무는 행정 규제상의 법적 의무이고, 만약 위반을 하더라도 행정 규제상의 처벌에서 다툴 문제이다.

2. 민법상의 관점

민법상의 관점에서는 감염병예방법상 감염방지의무 사항을 국민이 이미 알고 있는 상황에서 사회생활상의 법률행위를 하는 과정에서 신의칙상 지켜야 하는 감염방지의무라

---

14) 감염병예방법 제6조 제4항
국민은 치료 및 격리조치 등 국가와 지방자치단체의 감염병 예방 및 관리를 위한 활동에 적극 협조하여야 한다.

15) 감염병예방법상 국민의 협조 의무는 부과되었지만, 감염병예방법 제6조 제4항을 위반한 것에 대한 제재 규정은 없다. 그래서 그 위반은 협조 의무가 보호하고자 하는 법익이 침해된 것이라면 그것에 대한 민사책임이 인정될 수 있다.

고 볼 수 있다. 그래서 피의자의 행동 하나하나에 대하여 조리나 신의칙이라는 추상적 기준을 가지고 의무 위반에 따른 책임의 존부를 판단해야 한다.[16] 예컨대, 감염방지의무 사항을 알면서도 마스크를 쓰지 않고, 병원에 가거나 버스를 타거나 마트에서 물품을 사거나 식당에 가거나 숙박업체에 가는 경우 등은 사회생활상 법률행위에서 지켜야 하는 감염방지의무 위반이라 볼 수 있다.

여러 법률행위 중에 의료계약 관계에서 설명을 하자면, 통상적인 의료계약 관계에서 환자의 이행 의무의 법적 성질은 책무[17]로 보고 있고, 그 위반의 성질은 단순한 부주의 위반[18]으로 보고 있다. 만약 그 위반이 있어도 본인에 대한 실수 정도이거나, 민사소송상에서는 의사의 과실의 존부가 있는 상황에서 환자의 단순한 부주의 위반이 인정 되어야 과실상계 또는 책임제한을 한다.[19] 예컨대 의사의 문진과정에서 감염병에 대한 고지의무를 해야 하는 상황[20]에서는 그 의무가 무겁다 할 것이데,[21] 이러한 상황에서는 이론적으로 환자의 이행 의무의 성질이 책무가 아니라 주된 의무로 보아도 문제가 없다.[22] 다시 말하면, 통상적으로는 환자가 의사나 의료기관 측에게 손해배상 책임이 발

---

16) 김천수 교수는 감염방지의무의 근거가 실정법이자 기본법이라고 할 수 있는 감염병예방법, 개별 감염병에 관한 법률로 결핵예방법, 후천성면역결핍증예방법 등에서 있다고 보았다(김천수, "감염방지의무와 민사책임", 13면).

17) 김천수, "진료계약", 민사법학 제15권, 한국민사법학회, 1997, 165면.

18) 이재석, "과실상계의 성립요건에 관한 일고찰", 민사법연구 제14권 제2호, 대한민사법학회, 2006, 217-218면.

19) 대법원 2006. 8. 25. 선고 2006다20580 판결; 東京地方裁判所 平成26年 9月11日 平成23年(ワ) 第27601号 判決; 東京地方裁判所 平成19年 4月25日 平成16年(ワ) 第15288号 平成16年(ワ) 第23351号 平成18年(ワ) 第11645号 判決.

20) 독일에서는 환자가 의사에게 치료에 대한 의료계약상 합의된 부분이기 때문에 환자 자신의 의료 정보를 의사에게 제공해야 하는 것이 일반적인 의무이고(Erwin Deutsch, Andreas Spickhoff, 「Medizinrecht : Arztrecht, Arzneimittelrecht, Medizinprodukterecht und Transfusionsrecht」, Springer, 2014, 340면), 진료 및 치료에 필요한 의료 정보 외에도 전염성 질병의 증상을 알려주는 의무까지도 함께 포함된다(Erwin Deutsch, Andreas Spickhoff, 앞의 책, 111면).

21) 민국현, "의사의 정당한 사유에 의한 의료계약 해지권 검토", 한국의료법학회지 제26권 제2호, 한국의료법학회, 2018, 60면.

22) 독일은 기본적으로 의료계약 관계에서는 의사와 환자의 의무 이행의 성질은 동등한 수준으

생할 일은 없으나, 의사나 의료기관 측의 감염병 방역 관리에 과실이 없는 상황에서는 환자의 고지의무 위반이 신의칙상이라는 추상적 상황에 포섭이 되어 신의칙상 주의의무 위반으로 볼 수 있다는 의미이다.[23)]

따라서 민법적 관점에서는 감염방지의무가 사회생활상 공동체 구성원 개인의 관점에서 본인과 타인에게 감염되지 않도록 할 사회생활상의 의무로 볼 수 있다.[24)]

제2절 감염병의 입법례

Ⅰ. 국내 입법례

1. 감염병법제의 역사

종래 전염병예방법에서는 전염병을 그 위험성과 특징에 따라 제1군·제2군·제3군·제4군 전염병과 지정전염병으로 분류하고, 총 78개의 법정전염병을 전염 속도, 위해성과 유행의 강도, 예방·관리가능성 등에 따라 구분하여 이에 대한 방역 및 예방접종과 전염 감시 등의 대책에 따라 분류하는 한편 국가와 지방자치단체의 감염병 예방·관리에 있어서의 책무와 역할을 규정하고 관리하였다. 2003년 사스를 겪으면서 각종 질병에 대한 통합관리의 필요성이 제기되어 2004년 1월 이를 담당할 국가기관으로 질병관리본부가 출범하였고, 신종플루 이후 제기된 감염병 예방·관리의 문제점 개선과 효율적인 감염병 업무수행을 위해 전염병예방법(1954년 제정)과 기생충질환예방법(1966년 제정)을 통합하여 2009년 감염병예방법으로 전부 개정되었다. 이 전면개정에서는 사람 사이에 전파

로 보고 있다(Erwin Deutsch, Andreas Spickhoff, 앞의 책, 436-438면).

23) 민국현, "의사의 정당한 사유에 의한 의료계약 해지권 검토", 63면.

24) 김천수, "감염방지의무와 민사책임", 11면.

되지 않는 질환을 포괄할 수 있도록 전염병 대신 감염병으로 용어를 정비하고, 세계보건기구(WHO) 감시대상 감염병을 국가가 관리하며, 감염병의 예방·관리에 관한 심의기관인 감염병관리위원회를 설치하고, 감염병의 대유행이 우려되는 경우 예방·치료, 의약품 및 장비 등의 선제적인 비축·구매계약 등을 가능하게 함으로써 효율적인 감염병 예방·관리에 초점을 맞추었다. 이후 국내 유입된 메르스로 인하여 국민의 건강과 재산상의 피해 및 막대한 사회·경제적 손실을 겪으면서, 감염병 유입 초기에 이를 신속히 관리할 수 있도록 2015년 감염병 관련 체계가 개편되었다. 당시 개정된 감염병예방법에서는 국가와 지방자치단체 및 교육감의 감염병 정보, 발생 및 전파 상황을 공유하고 상호 협력(감염병예방법 제4조 제3항 신설), 감염병이 확산되는 경우 보건복지부장관의 감염병 환자의 이동경로 및 진료의료기관과 접촉자 등 공개(동법 제34조의2 신설), 감염병에 긴급한 대처가 필요한 경우 방역관의 감염병 예방·방역대책, 통행제한·주민대피, 감염병 매개물 등의 폐기·소각, 의료인 등 감염병 관리 인력에 대한 임무부여 및 방역물자의 배치 등 감염병 현장에 대한 조치권한과 해당 경찰관서의 장, 소방관서의 장 및 보건소의 장 등의 협조(동법 제60조), 감염병 역학조사에 관한 사무를 처리하기 위하여 역학조사관 배치와, 긴급한 상황에서 역학조사관에 의한 감염병환자가 소재 장소의 일시적 폐쇄 조치 등(동법 제60조의 2 신설)을 도입하였다. 이와 같은 내용의 감염병예방법 개정은 방역 현장의 공무원에게 실질적인 권한을 부여하여 위험성 높은 감염병에 신속·적절한 대응을 가능하게 하고, 방역에 요구되는 인적·물적 자원의 확보와 감염병 관련 정보공개 등을 포함하는 구체적인 방안이라는 점에서 감염병 관리제도의 개선이라고 평가할 수 있다. 2018년 개정에서는 감염병 분류체계의 개편, 감염병 위기상황 발생 시 긴급상황실의 설치·운영, 감염병접촉자 격리시설의 법적 근거 신설 등을 개선하여 2020년 1월 1일부터 시행되고 있다. 감염병예방법의 체계는 감염병예방법과 시행령 및 시행규칙으로 구성되고, 이에 따른 행정규칙인 훈령과 예규, 고시 등에 따라 개별적·구체적인 정책이 집행되고 있다.[25]

25) 정태종, "감염병 예방 및 관리에 관한 법률의 내용과 개선방안", 법학연구 제79권, 한국법학

2. 감염병예방법

가. 의사의 신고의무

현재 우리나라는 병원에서 신고의무자가 감염병예방법에서 개정 전에는 의사와 한의사였지만, 개정 후에는 치과의사도 치과 진료 시에 법정감염병 발생 여부를 알 수 있으므로 치과의사에게도 감염병 진단 시 신고 의무를 부여하게 되었다(감염병예방법 제11조, 동법 시행규칙 제6조). 의사, 한의사, 치과의사와 의료기관의 장은 법정감염병과 관련하여 감염병 환자를 진단하거나 그 사체를 검안한 경우, 예방접종 후 이상반응자를 진단하거나 그 사체를 검안한 경우, 감염병환자가 제1급감염병부터 제3급감염병까지에 해당하는 감염병으로 사망한 경우, 감염병 환자로 의심되는 환자가 감염병 병원체 검사를 거부하는 경우에는 관할 보건소장에게 신고를 해야 하였다. 그런데 감염병예방법 시행규칙에서 개정 후에는 1급 감염병의 경우에 구두나 전화 등의 방법으로 신고서를 제출하기 전에 미리 알려야 한다(감염병예방법 시행규칙 제6조). 감염병 병원체 확인기관의 소속 직원은 실험실 검사 등을 통하여 보건복지부령으로 정하는 감염병 환자 등을 발견한 경우 그 사실을 의료기관의 장에게 보고하고, 의료기관의 장은 제1급감염병의 경우에는 즉시, 제2급감염병에서 제3급감염병의 경우에는 24시간 이내에, 제4급감염병의 경우에는 7일 이내에 보건복지부장관 또는 관할 보건소장에게 신고하여야 한다(감염병예방법 제11조).

재난 시에는 의료인에 대한 거짓 진술 등이 금지되는데 누구든지 감염병에 관하여 주의 이상의 예보 또는 경보가 발령된 후에는, 의료인에 대하여 의료기관 내원이력 및 진료이력 등 감염 여부 확인에 필요한 사실에 관하여 거짓 진술, 거짓 자료를 제출하거나 고의적으로 사실을 누락하거나 은폐해서는 안 되는 의료인의 진술의무가 있다(동법 제35조의2).

나. 입원 조치

감염병 중 특히 전파 위험이 높은 감염병으로서 제1급감염병 및 보건복지부장관이 고시한 감염병에 걸린 감염병 환자등은 감염병관리기관에서 입원치료를 받아야 한다(감염

회, 2020, 293-294면.

병예방법 제41조). 보건복지부장관, 시·도지사 또는 시장·군수·구청장은 감염병환자 등이 입원치료가 필요한 경우에 그 사실을 환자와 그 보호자에게 입원치료 통지서를 발급하여 통지할 수 있다(동법 제43조). 감염병관리기관의 병상이 포화상태에 이르러 감염병환자등을 수용하기 어려운 경우에는 감염병관리기관이 아닌 다른 의료기관에서 입원치료하게 할 수 있다(동법 제41조). 그런데 환자는 정당한 사유가 없으면 입원을 거부할 수 없지만(동법 제38조), 의료인은 환자에게 강제적인 입원치료나 자기격리를 강요할 수 없다. 그래서 학계에서는 강제처분으로 입원 조치와는 다르다고 보고 있다.[26] 그 이유로는 감염병예방법에 명확한 규정으로 감염병환자등의 관리에서 입원치료 조치(동법 제41조)와 감염병에 관한 강제처분 규정(동법 제42조)으로 나눠져 있기 때문이다. 그러나 두 규정 중에 하나라도 위반한 환자는 모두 결과적으로 1년 이하의 징역 또는 1천만 원 이하의 벌금에 처하도록 규정되어 있어(동법 제79조의3) 강제규정인지 아닌지에 대한 부분은 모순이 있다. 따라서 두 규정 모두 강제규정으로 보아야 한다.

다. 근로제한

감염병 환자는 보건복지부령으로 정하는 바에 따라 업무의 성질상 일반인과 접촉하는 일이 많은 직업에 종사할 수 없고, 그 영업에 종사하게 하여서는 안 되게 되어있다(감염병예방법 제45조). 산업안전보건법에서도 사업주는 감염병에 걸린 근로자가 근로로 인하여 병세가 악화될 우려가 있는 질병일 경우, 의사의 진단으로 근로를 금지 조치할 수 있으며 근로자가 건강이 회복 되었을 때 지체 없이 취업하게 하고 있다(산업안전보건법 제138조). 후천성 면역결핍증 예방법 제18조 제1항에서도 감염인은 그 종사자가 정기검진을 받아야 업소에 종사할 수 있고, 업소를 경영하는 자는 감염인 또는 검진을 받지 아니한 사람을 그 업소에 종사하게 하여서는 안 된다고 되어 있다. 결핵예방법에서도 제13조 제1항에 따라 특별자치 시장·특별자치 도지사 또는 시장·군수·구청장은 전염성 결핵 환자에 대하여 접

26) 이천현, "실효적인 감염병 예방 및 관리를 위한 형사정책 대응방안 연구", 형사정책연구원 연구총서, 한국형사정책연구원, 2015, 28면.

객업이나, 그밖에 사람들과 접촉이 많은 업무에 종사하는 것을 보건복지부령으로 정하는 바에 따라, 전염성 소실의 판정을 받을 때까지 정지하거나 금지하도록 명하게 되어 있다. 공중위생 관리법에는 제6조에 의해 감염병 환자가 공중위생에 영향을 미칠 수 있는 경우 면허를 받을 수 없다고 되어 있고, 국민영양관리법에는 제16조에 의해 감염병 환자는 영양사의 면허를 받을 수 없다고 되어 있고, 식품위생법에서는 제54조에 의해 감염병이 있는 환자는 조리사 면허를 받을 수 없다고 되어있다.

라. 자가 격리 조치

우리나라는 의사 등의 신고에 의해 신고를 받은 관할 보건소장은 입원 치료 대상이 아닌 사람과 특정 감염병 환자와 접촉하여 감염병이 감염되거나, 전파될 우려가 있는 사람에 대해서 자가 격리 조치를 할 수 있다. 자가 격리 기간은 접촉자의 경우 접촉 시점부터 감염병 최대 잠복기간까지로 하고 있다.[27] 그런데 보건복지부장관, 시·도지사 또는 시장·군수·구청장은 감염병 조사를 거부하는 사람에게는 감염병관리시설에 격리할 수도 있고, 자가 격리나 강제조치로서 시설 격리 조치를 할 경우에 격리 대상자와 그 보호자에게 격리통지서를 보내야 한다. 만약 조사하였더니 감염병이 아닌 사람은 즉시 격리 조치를 해제할 수도 있다(감염병예방법 제42조). 격리된 사람의 보상은 과거 감염병의 예방 및 관리에 관한 법률이 2015년 7월 6일 일부 개정되기 전까지는 아무런 규정이 없었지만, 그 이후 개정이 되면서 감염병으로 격리 및 치료 등을 받은 경우에는 이로 인한 피해를 보상받을 수 있도록 되었다. 이렇게 감염병 환자는 피해 보상이 가능하기에 치료와 격리조치에 적극 협조해야 한다(동법 제6조).

마. 휴교 조치와 입국금지 조치

감염병과 관련하여 교육부장관은 학교에서 감염병에 효과적으로 대응하기 위해 보건복지부장관과의 협의를 거쳐 감염병 유형에 따른 대응 매뉴얼을 작성·배포해야 하고(학교보건

---

27) 이천현, 앞의 논문, 31면.

법 제14조의4), 학교에서는 학교의 장이 건강검진의 결과나 진단 결과에서 감염병이거나 감염병이 의심되는 학생과 교직원에 대하여 등교를 중지시킬 수 있고(동법 제8조), 감독청의 장은 감염병의 예방과 전파를 막기 위하여 휴교 조치도 할 수 있다(동법 제14조). 만약 감염병이 발생하게 되면 교육부장관 또는 교육감은 휴교조치를 명령할 수 있으며, 휴교조치를 명령할 경우에는 보건복지부장관과 협의하여야 한다(감염병예방법 제50조).

법무부장관은 입국 심사 중에 감염병 환자가 있을 경우 입국을 금지할 수 있는데(출입관리법 제11조) 만약 입국한 상태라면 지방출입국·외국인관서의 장은 외국인에게 출국을 명령할 수 있고(동법 제68조), 규정된 절차에 따라 외국인을 대한민국 밖으로 강제 퇴거시킬 수 있다(동법 제46조). 그러나 그 집행은 사법경찰관리에게 집행을 의뢰해야 한다(동법 제62조).

Ⅱ. 해외 입법례

1. 독일

가. 신고의무

독일에서는 의사, 의학조사관청의 장 및 기타 공립·사립 조사기관의 장, 병리학·해부학적 진단을 하는 기관의 장, 수의사, 국가가 규율하는 교육을 받거나 국가의 인정을 받아야 하는 요양 관련 직무에 종사하는 사람, 치료사 등은 신고대상 질병 또는 신고대상 병원체를 신고해야 할 의무가 있다. 이들 중 요양 관련 직무 종사자와 치료사는 의사가 관여하지 않은 경우에만 신고의무를 진다.[28] 신고대상질병의 환자나 신고대상병원체의 감염자가 있다고 확인되었거나, 의심되는 경우 또는 신고대상질병의 환자였거나, 신고대상병원체의 감염자였던 사망자가 감염되었을 것으로 추정되는 시점 이후에, 혈

28) 윤진아, “독일의 감염병 예방 및 관리 법제 고찰”, 법과 정책연구 제18권 제4호, 한국법정책학회, 2018, 265면.

액·장기·조직 또는 세포를 기증한 경우에 보건소는 혈액·혈액제품·장기·조직 또는 세포를 통해 전염되는 질병이나 감염이 문제 되는 때에는, 그 상황 및 그와 관련하여 인지한 사실을 연방과 주의 관할관청에 지체 없이 통지해야 한다.[29] 이렇게 관할관청을 경유하여 로베르트 코흐 연구소에 전달이 되는데 연방제 국가인 독일의 경우 감염병과 관련된 조치들은 주정부 관할이지만, 코로나바이러스19와 같은 국가적 감염 위기 상황에서는 연방기관인 로베르트 코흐 연구소가 위험성 평가를 하고 관련 조치들을 조정하는 등 컨트롤타워 기능을 수행한다.[30]

나. 격리 조치

관할 행정청은 폐렴 또는 인간 간의 전염성 출혈열로 확진을 받았거나 확진의 의심이 있는 자를 병원 또는 이에 준하는 의료시설에 즉시 격리할 수 있다. 또한 그 밖의 다른 질병의 환자 또는 감염의심자에 대해서도 필요한 경우 적절한 병원이나 기타 적당한 방법으로 격리할 수 있다. 만약 이러한 격리에 불응하는 대상자에 대해 강제 격리조치를 취할 수 있다. 격리된 자에게 격리시설의 규칙 또는 처분 내용을 준수해야 할 의무가 있으며, 격리된 자에 대한 개인 정보는 동법의 목적 달성을 위하여 사용 및 가공이 가능하고, 신체의 자유 및 사생활 비밀의 자유 등 우편물의 비밀을 보장받을 권리의 제한이 가능하다. 치료의사나 특정보호자는 자유롭게 격리된 자를 자유롭게 대면할 수 있다. 각 주 또는 각 지방 관할 행정청은 필요 시설의 제공 및 환자의 이송과 관련한 지원을 제공할 의무가 있다.[31]

다. 근로제한

독일에서는 관할관청에서 감염병 환자, 감염병 의심환자, 병원체보유자에 대하여 특정

---

29) 윤진아, 앞의 논문, 274면.
30) 박원규, 앞의 논문, 117면.
31) 이천현, 앞의 논문, 84면.

한 직업활동의 전부 또는 일부를 금지할 수 있다. 이들 외에 다른 보균자에 대해서도 병원체의 확산 위험이 큰 경우에는 직업활동의 전부 또는 일부의 금지를 명할 수 있다.[32] 특히 특정 감염병의 보균자는 생필품 등의 취급과 관련된 업무에 종사할 수 없다. 생필품 등의 취급을 하는 사업체에 취업하고자 하는 자는 보건소의 보건증명서를 제출해야 하며, 사업체의 책임자는 보균자의 채용 금지 및 감염병 예방에 관련된 교육을 이수해야 한다.[33]

라. 학교 출입 제한

출입금지한 학교, 유치원, 대학 등 감염병 확산 위험성이 높은 장소에의 출입을 금지하는 조치를 말한다. 외출금지의 경우 독일 기본법 제11조에 규정하고 있는 이전의 자유를 제한하는 반면, 출입금지는 기본법 제2조 제2항 제2문의 이동의 자유를 제한한다는 점에서 차이가 있다. 왜냐하면 출입금지의 경우에는 장소적 범위, 체류 기간, 사회적 관련성의 정도에 있어 외출금지보다는 낮은 정도에 그치기 때문이다. 다만 출입금지가 광범위한 장소에 대하여 행해지는 경우에는 이전의 자유를 제한할 수 있다.[34] 학교뿐만이 아니라 노숙자보호소, 양로원 및 노인병원 등의 공공시설의 경우 감염병 감염예방을 위한 위생계획과 관련하여 관할 감독청의 감독을 받아야 한다.[35]

2. 일본

가. 의사의 신고의무

의사는 다음에 해당하는 자를 진단한 때에는 그 사람의 연령, 성별 기타 후생노동성령으로 정하는 사항[36]을 가장 가까운 보건소장을 경유하여 도도부현 지사에게 신고하

32) 윤진아, 앞의 논문, 277면.
33) 이천현, 앞의 논문, 84면.
34) 박원규, 앞의 논문, 123면.
35) 이천현, 앞의 논문, 84면.
36) 감염증예방법 제12조 제1항

여야 한다(감염증예방법 제12조 제1항). 이러한 감염증에 의해 사망한자(당해 감염증에 의해 사망한 것으로 의심되는 자를 포함)의 사체를 검안한 경우에도 마찬가지이다(동법 제12조 제6항).[37)]

나. 취업제한

취업제한은 감염증의 병원체를 보유하고 있는 자가 특정한 업무에 취업하는 경우, 당해 타인에게 확산시킬 우려가 있기 때문에 해당자에게 특정한 업무에 취업을 제한하는 조치를 말한다. 즉 취업제한은 그 대상자가 스스로 자발적으로 휴가를 보낸다거나 일시적으로 취업 제한의 대상이 되는 업무에 종사하지 않는 것을 말한다.[38)]

다. 입원 조치

도도부현 지사는 1류 감염증 등의 확산을 방지할 필요가 있다고 인정되는 때에는, 당해 감염 환자에 대해 특정 감염증 지정의료기관 등에 입원하도록 또는 그 보호자에게 해당 환자를 입원시킬 것을 권고할 수 있다(감염증예방법 제19조 제1항). 이러한 권고

---

1. 해당자의 직업 및 주소
2. 해당자가 성년에 도달하지 않은 경우에는 그 보호자(친권자를 행하는 자 또는 후견인)의 성명 및 주소(보호자가 법인인 경우에는 그 명칭 및 주된 사무소의 소재지)
3. 감염증의 명칭 및 해당자의 증상
4. 진단방법
5. 해당자의 소재지
6. 초진 연월일 및 진단 연월일
7. 병원체에 감염된 것으로 추정되는 날짜(감염증환자의 경우는 발병한 것으로 추정되는 연월일을 포함)
8. 병원체에 감염된 원인, 감염경로, 병원체에 감염된 지역 또는 이들로 추정되는 것
9. 진단한 의사의 주소(병원 또는 진료소에서 진료에 종사하는 의사의 경우 당해 병원 또는 진료소의 명칭 및 위치) 및 이름
10. 기타 감염증의 확산 방지 및 해당자의 의료를 위해 필요하다고 인정하는 사항(동법 시행규칙 제4조 제1항)

37) 이천현, 앞의 논문, 51면.
38) 이천현, 앞의 논문, 56면.

를 하는 경우에는 당해 권고에 따른 환자 또는 그 보호자에게 적절한 설명을 하고 그 이해를 얻도록 노력하여야 한다(동법 제19조 제2항). 그리고 이러한 권고를 받은 자가 당해 권고에 따르지 아니한 때에는 대상자를 입원 조치할 수 있다(동법 제19조 제3항). 응급 입원권고 및 입원조치는 서면으로 하여야 하며(동법 제23조), 입원기간은 대상자가 입원한 시점부터 기산하여 72시간 이내이다(동법 동조 제4항, 제6항). 입원권고 또는 입원조치를 한 때에는 지체없이 감염진단협의회(동법 제24조 제1항)에 보고하여야 한다(동법 제19조 제7항). 도도부현 지사는 응급 입원기간이 만료된 경우 본 입원(동법 제20조)이 없는 경우에는 신속히 당해 당사자를 퇴원시켜야 한다. 또한 입원기간이 만료되지 않은 경우에도 당해 입원과 관련한 감염증 병원체를 보유하고 있지 않은 것으로 확인된 때에는 그 환자를 퇴원시켜야 한다(동법 제22조 제1항).[39]

라. 학교 출석 정지

교장은 감염증에 걸렸거나, 감염의 의심이 있거나, 또는 감염의 우려가 있는 학생 등이 있는 경우에는 시행령에서 정하는 바에 따라 출석을 정지시킬 수 있다(학교보건안전법 제19조). 출석을 정지 시키려고 할 때에는 그 이유 및 기간을 명확히 하여, 유아, 아동 또는 학생(고등학생 제외)의 경우에는 그 보호자에게 고등학교 학생 또는 학생의 경우에는 해당 학생 또는 학생에게 이를 지시하여야 한다(학교보건안전법시행령 제6조 제1항). 출석정지 기간은 감염증의 종류 등에 문부과학성령으로 정하는 기준에 따른다(동법시행령 제6조 제2항, 학교보건안전법시행규칙 제19조). 또한 학교의 설치자는 감염증 예방상 필요가 있을 때에는 임시로 학교의 전부 또는 일부의 휴업을 할 수 있다(동법 제20조).[40]

39) 이천현, 앞의 논문, 59면.
40) 이천현, 앞의 논문, 63면.

3. 미국

가. 격리 조치

공중보건 담당자는 중증 급성호흡기 증후군, 결핵 등, 기타 이와 유사한 감염병이 발생하는 경우, 이러한 감염병의 확산방지를 위해 감염병에 걸렸거나 걸린 가능성이 있는 사람에게 격리 조치를 취할 수 있다. 이것은 의료적인 기능을 할뿐만 아니라, 국가가 사회의 이익을 위해 개인에게 행동에 영향을 미치는 조치를 취하는 경찰권의 기능을 한다. 격리된 사람들은 병을 앓고 있는 동안 자가나 병원 기타 의료시설에서 치료[41]를 받게 된다.[42]

나. 활동제한

미국은 감염병에 걸린 사람과의 접촉 등을 통해 감염병에 걸린 가능성이 있는 사람을 그렇지 않은 사람으로부터 분리 또는 이동제한 조치를 한다. 이것은 아직 감염병에 걸리지는 않았으나 곧 감염병에 걸려서 그것을 다른 사람에게 전파할 가능성이 있는 사람을 관찰하기 위하여 취해지는 조치이다. 자가에 머물러 있는 등 다른 사람으로부터 분리되어 있어야 되고, 스스로 증상이 나타나는지 확인하고 증상이 나타나면 의사에게 연락하여야 한다.[43]

다. 직업 및 작업활동 제한

환자의 관할 내의 보건공무원은 공중보건의 보호를 위하여 필요하다고 인정한 때에는

---

41) 예를 들어, 에볼라의 경우 다른 감염병과 마찬가지로 기술적으로 실행 가능한 격리방법 및 그와 관련된 감염 방어대책이 단계별 상황에 따라 다르다(CDC, Determining Risk of Ebola Transmission in Healthcare and Community settings 참조 (http://www.cdc.gov/vhf/ebola/hcp/international/determining-risk.html)(2021. 11. 22. 최종방문)).

42) 이천현, 앞의 논문, 93-94면.

43) 이천현, 앞의 논문, 94면.

환자가 직장이나 학교, 또는 기타 지역에 참석함으로써 공중보건에 직·간접적인 위험을 야기하는 경우 그를 배제할 수 있다. 예를 들어, 캘리포니아 주는 보건공무원이 직장에서 감염성 결핵의 확산을 막아 다른 사람을 보호하기에 적합한 방식을 유지하기 어렵다고 판단한 때에는 그 장소로부터 감염환자를 배제시킬 수 있다고 규정하고 있다(Cal. [Health & Safety] Code § 121365). 미국 뉴햄프셔 주는 고용주와 관련 공무원이 결핵이 제외되거나 확인될 때까지 또는 의심되는 사안이 부서에서 비감염으로 간주될 때까지 공립학교 및 비공립학교, 아동보호시설, 또는 직장으로부터 결핵의 확인 또는 의심 사안을 배제하여야 한다고 규정하고 있다(N.H. Code Admin. R. Ann. He-P 301.05).[44]

라. 학교휴업

아이들은 감염병, 특히 인플루엔자의 공동체 확산에 중요한 역할을 한다. 성인에 비해 감염에 더 취약하고 단체생활로 인해 제2차 전파의 가능성을 더 가지고 있기 때문이다. 따라서 학교휴업은 실행가능한 감염병 완화전략의 하나로 평가되고 있다.[45] 잠정 예방전략 가이드라인에서는 감염병 확산을 완화하기 위한 수단으로서 가장 심각한 5단계의 경우 최대 12주 동안의 학교휴업을 할 수 있도록 하는 것을 내용으로 담고 있다.[46] 각 주정부에서는 이에 대한 법적 근거가 마련되어 있다. 예를 들어, 워싱턴의 경우 특정 감염병이 발생하고 학교나 보육센터 내에서 문제될 가능성이 있는 경우 지역보

44) CDC, Menu of Suggested Provisions For State Tuberculosis Prevention and Control Laws (http://www.cdc.gov/tb/programs/laws/menu/social.htm)(2021. 11. 22. 최종방문); 이천현, 앞의 논문, 97면.

45) 예를 들어, 미국 미시간에서는 2009년 봄 인플루엔자 A(H1N1)바이러스가 유행했을 당시 약 600여개의 학교가 휴업을 하였다(http://www.cidrap.umn.edu/news-perspective/2015/04/flu-scan-apr-21-2015) (2021. 11. 22. 최종방문).

46) CDC, Interim Pre-pandemic Planning Guidance: Community Strategy for Pandemic Influenza Mitigation in the United States-Early, Targeted, Layered Use of Nonpharmaceutical Interventions, February 2007, 10면(https://www.cdc.gov/flu/pandemic-resources/pdf/community_mitigation-sm.pdf.)(2021. 12. 05. 최종방문)

건담당자는 보건장관과 협의한 후 감염병의 확산 방지를 위하여 학교휴업 등 필요한 적절한 조치를 취하도록 규정하고 있다.[47)]

제3절 감염방지의무 위반의 효과

Ⅰ. 감염방지의무 위반의 효과

1. 감염병예방법상의 효과

감염병예방법상의 효과에는 법률상에서 규정된 내용에 의해 병원체 숙주가 된 자에게뿐만이 아니라, 불특정 다수인의 피해를 막기 위한 행정 규제상의 조치를 행사할 수 있다.

가. 자가 조치

자가 조치에 따를 의무는 질병관리청장, 시·도지사 또는 시장·군수·구청장으로서 입원치료 대상자가 아닌 사람이나 감염병 환자등과 접촉하여 감염병이 감염되거나 전파될 우려가 있는 사람에게 자가 또는 감염병관리시설에서 치료하게 할 수 있다(감염병예방법 제41조). 이러한 행사는 중증도의 변경이 있거나, 의사의 입원치료의 필요성이 없거나, 격리병상이 부족하는 등 질병관리청장이 전원 등의 조치가 필요하다고 인정하는 경우이다.

나. 강제 조치

질병관리청장, 시·도지사 또는 시장·군수·구청장은 해당 공무원으로 하여금 감염병

47) 이천현, 앞의 논문, 97-98면.

환자 등이 있다고 인정되는 주거시설, 선박·항공기·열차 등 운송수단 또는 그 밖의 장소에 들어가 필요한 조사나 진찰을 하게 할 수 있으며, 그 진찰 결과 감염병 환자 등으로 인정될 때에는 동행하여 치료받게 하거나 입원 조치할 수 있다(감염병예방법 제42조 제1항). 자가 또는 시설에 격리, 격리에 필요한 이동수단의 제한을 받고 있는 자나 진찰 결과 감염병 환자 등으로 인정된 자에게는 해당 공무원과 동행하여 치료 및 입원 조치를 시킬 수 있다(동법 제42조 제2항, 제3항, 제4항). 만약 조사를 거부하는 자가 있으면 경찰서장에게도 협조를 요청하여 조사거부자를 자가 또는 감염병관리시설에 강제 격리할 수 있으며, 감염병이 확진되면 치료와 입원을 시킬 수 있다(동법 제42조 제5항, 제6항, 제7항).

다. 방역 조치

질병관리청장, 시·도지사 또는 시장·군수·구청장은 일시적 폐쇄, 일반 공중의 출입금지, 해당 장소 내 이동제한, 그 밖에 통행차단을 위하여 필요한 조치, 의료기관에 대한 업무 정지, 감염병 의심자를 적당한 장소에 일정한 기간 입원 및 격리, 감염병 병원체에 오염되었거나 오염되었다고 의심되는 물건을 사용·접수·이동하거나 버리는 행위 또는 해당 물건의 세척을 금지하거나 태우거나 폐기 처분할 수 있다. 그 외에도 오염된 장소의 소독, 일정한 장소에서 세탁에 하는 것을 막거나 오물을 일정한 장소에서 처리하도록 할 수 있다(감염병예방법 제47조).

라. 행정상의 형사처벌 조치

역학 조사 거부 및 방해 행위에는 2년 이하의 징역 또는 2천만 원 이하의 벌금에 처하고(감염병예방법 제79조 제1항), 자가 치료 및 자가 격리 조치를 위반한 자에게는 2년 이하의 징역 또는 1천만 원 이하의 벌금에 처한다. 격리조치를 위반한 자에게는 1년 이하의 징역 또는 1천만 원 이하의 벌금에 처하며(동법 제79조의3), 감염병 의심되는 자는 조사나 진찰을 거부하면 이에 대한 협조 위반으로 300만 원 이하의 벌금에 처한다(동법 제80조).

2. 민법상의 효과

가. 손해배상청구권

피해자는 상대방이 감염방지의무 위반이 있으면 민법상에서 손해배상청구권을 행사할 수 있다. 손해배상 범위를 산정할 때에는 감염병의 특성상 여러번 감염이 이어지기 때문에 무한히 연쇄될 손해배상의 범위를 제한할 필요가 있다. 상당인과관계설의 입장에서 보면 감염방지의무 위반과 피해자의 손해 발생 사이의 구체적 관계가 인정되어야 하는데 그 일반적 관계가 존재할 때 비로소 '상당성'이 인정된다. 그런데 '상당성'이라는 판단에 너무 의존하는 것보단 행위규범설의 이론도 같이 고려해서 접근하는 것이 가장 구체적인 논증이 될 수 있다. 먼저 민법 제393조를 적용할 때 행위규범 목적 범위 내의 법익침해로 배상 범위를 제한하고, 위법성과 유책성까지 검토가 되면 그다음 단계로 넘어간다. 그다음 단계에서는 그 배상 범위에 들어갈 구체적 손해 항목을 제한하는 단계로 들어가는데, 그 법익침해의 결과로서 구체화된 재산상 및 정신상 손해의 각 항목들에 대하여 민법 제393조를 적용하면, 각 항목 가운데 특별손해로 분류한 항목들은 그 손해를 야기한 특별한 사정에 대하여 가해자에게 인식(가능성)이 있었는지를 검토하여 그렇다고 인정되는 것들만 모아서 통상손해와 함께 배상의 범위를 설정하면 손해배상 범위론은 마무리가 된다.[48)]

손해배상청구권과 관련하여 악의의 감염방지의무 위반자에게는 징벌적 손해배상 제도를 적용하는 것도 검토가 필요하다. 징벌적 손해배상 제도란 불법행위로 인한 손해배상은 원칙적으로 피해자가 입은 현실적인 손해를 배상하는 것이나, 영미법계 국가에서는 가해자의 가해행위나 폭력적 또는 위압적이거나 악의, 기만, 사악한 동기, 확정적 고의, 의도적 무기만, 사악한 동기, 확정적 고의, 의도적 무시, 무모한 중과실 등과 같이 특별히 그 정상이 가중될 만한 사유를 수반하는 때에는 피해자가 입은 현실적인 손해를 초과하는 손해배상금의 지급을 명하는 경우가 있는데 이를 징벌적 손해배상이라고 한다.[49)] 현재 우리나라에서는 보건과 관련해서는 환경보건법상에서 사업 활동 등에서 생

48) 김천수, "감염방지의무와 민사책임", 32면.

긴 환경유해인자로 인하여 다른 사람에게 환경성질환을 발생하게 한 자는 그 피해를 배상하여야 하고, 피해가 사업자의 고의 또는 중대한 과실에 의하여 발생한 경우에는 고의 또는 손해 발생의 우려를 인식한 정도, 손해 발생을 줄이기 위하여 노력한 정도, 환유해성 등을 고려하여 그 피해액의 3배를 넘지 아니하는 범위에서 배상해야 한다(환경보건법 제19조). 징벌적 손해배상은 악의적 가해자에 대한 공공적 징벌과 위해의 재발방지의 측면을 강조하면서 배상액의 정도가 가해자의 행위유형, 가해자의 악질성과 의도한 이익, 재산상태 등을 고려하여 고액의 배상액이 부과된다.[50] 이미 영미법계의 징벌적 손해배상 제도가 예전부터 도입이 되었고, 악의의 감염방지의무 위반자에게도 적용하여도 바람직할 것으로 검토된다.

나. 이행청구권

민법상 감염방지의무 위반자에게 소송상이 아니라도 이행청구권을 행사할 수 있다. 이와 관련하여 현재 독일에서는 불능과 같이 배제되는 사정만 없다면 모든 이행청구권이 가능한데,[51] 현재 우리나라도 불능과 같이 배제되는 사정만 없다면 모든 이행청구권이 가능하다.[52] 그와 반면에 영국의 경우에는 계약이 유효한 체결이어야 이행청구권이 가능하지만, 소구력과 집행력은 보통법의 원칙에 따르면 이행청구권이 없으나, 예외적으로 형평법의 원칙에 따르면 소구력과 집행력은 가질 수 있다.[53] 그런데 유럽계약법원칙의 의하면 원칙적으로 본래 계약상에 의한 이행청구권과 소를 제기해서 판결로 얻은 이행청구권이 인정이 되는데, 배제되는 규정이 광범위하게 인정되고 있어서 심지어 금전채무에 대해서도 이행청구권이 배제된다고 한다.[54] 독일은 우리나라와 많이 비슷한데

49) 김덕기, "업무상 질병으로 인한 사용자의 민사책임-안전배려의무와 인과관계를 중심으로", 동국대대학원, 박사학위 논문, 2020, 90면.

50) 김덕기, 앞의 논문, 100면.

51) 김영두, "이행청구권에 대한 비교법적 검토", 연세법학연구 제9권 제2호, 연세법학연구, 2003, 251면.

52) 김영두, 앞의 논문, 262면.

53) 신국미, "계약상의 이행청구권", 안암법학 제30호, 안암법학회, 2009, 238-239면.

영국의 경우에는 소구력과 집행력 부분에서 예외적으로 인정이 되고 있고, 유럽계약법 원칙은 대륙법계인 독일과 우리나라처럼 계약이 유효한 경우 성립된 이후부터 이행청구권이 발생하고, 소를 제기해서 판결로써도 이행청구권이 발생한다는 점은 같은데, 예외 규정으로 배제되는 부분에서는 영미법계인 영국처럼 광범위하게 인정되고 있다.

다. 의료계약 관계라면 병원 측의 의료계약 해지권

감염이 의심되는 자 또는 감염된 자가 병원의 방역 관리를 뚫고 내원하였거나, 진료 도중 그 사실을 알게 되었다면, 당연히 감염병예방법상 병원 측은 의사의 신고의무를 포함하여 방역 관리 차원에서 진료를 중단할 수 있다. 물론 감염병예방법이라는 법률상 진료를 중단할 수도 있지만, 의료계약 관점에서도 진료를 중단할 수 있는 이론을 검토할 수도 있는데, 바로 그 권리가 의료계약 해지권이다. 의료계약 해지권이란 의료법과 응급의료에 관한 법률 규정에서 진료거부 금지 규정의 예외로 '정당한 사유'가 있을 시에는 환자와의 의료계약을 해지할 수 있는 형성권이다.[55] 여기서 의료계약을 해지하겠다는 의미는 상대방에게 의사표시로 전달되기 전까지는 계약의 내용과 법률 효과는 소급하지 않고(민법 제111조), 장래에 대해서만 계약의 구속에서 벗어나겠다는 의미가 된다(동법 제550조). 현재 학계[56]와 판례[57]에서는 의료계약의 법적 성질을 위임계약으로

54) 김영두, 앞의 논문, 257면.

55) 현재 우리나라 의료계약의 법적 성질은 학계와 판례 모두 위임계약으로 보고 있는 것이 통상적이다. 그런데 본 논문에서는 의료계약의 법적 성질을 혼합된 비전형계약설로 주장하고 있으나, 지금 학계와 판례에서는 위임계약으로 보고 있기 때문에 실무에서 적용할 수 있는 법 이론상 위임계약설로 적용하여 검토하도록 하겠다. 통상적인 위임계약에서는 정당한 사유가 없으면 언제든지 계약을 해지할 수 있다(민법 제689조; 대법원 2000. 4. 25. 선고 98다47108 판결). 그러나 의료계약에서는 의료 행위의 특수성 때문에 '정당한 사유'가 있어야 의료계약을 해지할 수 있다(의료법 제15조, 응급의료에 관한 법률 제10조).

56) 송오식 교수도 의료계약의 법적 성질을 위임계약으로 보고 있고(송오식, "의료과오의 계약법적 구성", 법학연구 제48권 제1호, 부산대법학연구소, 2007, 11면), 심지어 최행식 교수는 피부미용 목적이나 성형 목적으로 하는 의료계약을 도급계약이 아닌 위임계약이라 주장하고 있다(최행식, "성형수술의 법적 성질과 책임에 관한 고찰", 한국의료법학회지 제20권 제2호, 한국의료법학회, 2012, 130면).

보고 있기 때문에 유상이든 무상이든 언제든지 계약을 해지할 수 있으나, 의료법과 응급의료에 관한 법률에 의해서 정당한 사유가 있어야 의료계약을 해지할 수 있다.[58] 그런데 민법상 의료 행위를 내용으로 하는 위임계약은 정당한 사유에 의하여 의료계약을 해지할 수 있는 근거를 인적 신뢰관계에서 찾고 있다.[59] 이는 환자의 신의칙상 진료협력의무 위반이 있을 시 신뢰가 유지될 수 없으므로 의사에게 해지의 자유권이 인정이 된다는 의미로 포섭할 수 있다.[60] 그리고 의사의 상대방에게 의료계약 해지의 의사표시가 도달하여도 환자 측의 승낙이 필요 없는 형성권이라 볼 수 있다. 다만, 감염방지의무 위반과 관련해서는 그 '정당한 사유'의 포섭 내용에서 상대방의 인적 신뢰보다는 감염병예방법에서 법률상 병원의 방역 차원과 공공의 이익을 위한 조치로 보아야 한다.

Ⅱ. 민법상에서 불법행위 포섭

1. 불법행위 책임으로 포섭

감염방지의무 위반이 불법행위로 포섭이 되려면 일단 불법행위 성립요건이 충족되어야 한다. 그 성립요건은 크게 가해행위, 위법성, 유책성이 있다. 먼저 감염의 가해행위는 손해를 발생하게 한 행위로서 감염 가해자의 행위와 감염 피해자의 손해 사이에서 조건적 인과관계가 있어야 한다.[61] 다시 말하면, 감염 가해자의 행위가 없었다면 법익

57) 최근 판례의 동향을 살펴보면 의료계약의 법적 성질을 위임계약으로 보고 있다(대법원 2009. 5. 21. 선고 2009다17417 전원합의체 판결).

58) 이상돈 교수는 '정당한 사유'로 해석함에 있어 응급의료에 관한 법률에서는 계약자유의 원칙이 타당하기 어려운 외적 상황이지만, 그렇지 않은 보통의 상황에서는 의료계약에 관해 의사와 환자는 계약의 자유를 누릴 수 있기 때문에 '정당한 사유'는 철저하게 '계약의 논리'에서 해석해야 한다고 한다(이상돈, "환자측의 진료거부와 의사의 의무", 대한법의학회지 제22권 제2호, 대한법의학회, 1998, 501).

59) 정진명, "계약당사자의 신뢰와 해지의 자유", 민사법학 제76호, 한국민사법학회, 2016, 200면.

60) 민국현, "의사의 정당한 사유에 의한 의료계약 해지권 검토", 56면.

61) 손해배상 범위를 기준하는 인과관계가 아닌 가해행위와 손해 발생 사이의 조건적 인과관계

침해라는 손해가 없었다는 조건관계가 인정되어야 한다.[62] 그다음 위법성에서는 결과불법론에 입각할 때,[63] 법익침해의 요소를 포함하고 있는 가해행위라는 요건이 충족으로 일단 구비되고, 다만 감염 가해자는 소송상에서 위법성 여부를 항변사유로 주장할 수는 있다. 유책성에서는 귀책사유로도 표현할 수 있는데 고의 및 과실을 의미한다. 손해배상책임에서 언급되는 고의 및 과실은 손해에 관한 것인데, 그 손해는 가해행위에서 말하는 추상적 손해인 법익침해이지 구체적 손해가 아니다. 과실의 전제인 주의의무에서 언급되는 예견 및 회피 가능성은 법익침해를 예견하고 회피할 가능성을 말하고, 구체적인 손해의 발생을 예견하지 못하였어도 그 전제인 법익침해를 예결할 수 있었으면 예견가능성이 인정되는 것이다. 즉, 작위나 부작위로 인하여 타인의 법익이 침해될 수 있다는 점에 대한 예견 및 회피 가능성이 인정되면, 과실이 일단 인정되어 법익침해의 조건인 가해행위의 유책성은 인정된다.[64] 예를 들면, 감염된 환자가 입원 중에 탈출하여 사람이 많은 장소에 갔다면 피해자 발생 시 가해행위가 인정되고, 감염병예방법상의 위반으로 위법성도 인정되고, 감염병 환자 본인이 타인에게 감염될 수 있어서 격리 입원 중인 사실을 알고 있다면 유책성도 인정되어 불법행위로 포섭이 된다. 그러나 만약 병원에서 탈출한 입원 환자가 책임무능력자라면 고의 및 과실이라는 유책사유에 의하여 가해행위에 유책성이 인정되지만, 책임무능력자라서 유책성의 조각 사유가 된다.[65]

를 의미한다. 즉 책임설정적 인과관계와 책임충족적 인과관계의 구분으로 나눠서 조건적 인과관계는 책임설정적 인과관계를 의미한다.

62) 김천수, “감염방지의무와 민사책임”, 22면.

63) 김천수 교수는 결과불법론에서 ‘결과’란 전술한 가해행위의 요소인 손해 즉 법익침해라는 결과를 의미한다고 한다. 따라서 가해행위가 증명되면, 즉 법익침해가 증명되면 일단 위법성이 인정되며, 다만 위법성 조각사유의 증명으로 위법성이 부인되는 것이다. 이러한 결과불법론은 의무규범상 보호법익의 구체적 열거 여부와 무관하다. 사실의 문제로서 보호 대상인지 여부를 불문하고 피해자의 법익이 침해되었다는 사실에서 인정될 뿐이다. 그 법익이 보호법익인지 여부는 손해배상의 범위[범위론]에서 탐구되어야 하는 것이다. 그런데 그 범위론에서도 가령 민법 제750조와 같은 구체적 규범에서 보호대상 법익이 명시적으로 열거되어 있는지 여부와 무관하다. 해당규범의 보호법익은 결국 해석의 문제이다. 한편 이들 규범에는 계약도 포함됨은 물론이다(김천수, “감염방지의무와 민사책임”, 22면).

64) 김천수, “감염방지의무와 민사책임”, 22면.

2. 공동 불법행위 책임으로 포섭

감염병 관련 소송에서 정부 또는 질병관리청과 병원 측을 공동불법행위책임으로 소송하는 건 손실보상청구 소송이고, 여기서 검토할 부분은 사인과 사인 간의 민사소송에서 공동 불법행위책임으로 포섭하는 이론을 검토하고자 하는 것임을 미리 알려둔다.

감염병의 특성상 처음 감염된 숙주로 인해 불특정 다수인이 감염되는 경우가 너무도 많기 때문에, 그 불특정 다수인 중에서도 본인이 감염된 사실을 모르고 있다가 또 다른 감염자가 발생하게 된다. 그래서 이러한 특징을 고려하면 몇 가지 유형으로 나눌 수 있는데, 피해자가 동시에 다수의 전염가능자를 접촉한 경우(동시 다수 접촉), 시기를 달리하여 다수의 전염가능자를 접촉한 경우(이시 다수 접촉), 전염가능자가 순차적으로 단독 연결되면서 피해자는 마지막 전염가능자만을 접촉한 경우(순차 다수 접촉) 등이 있다. '동시 다수 접촉'의 경우나 '이시 다수 접촉'의 경우는 그 가운데 누구의 병원체가 피해를 야기한 것인지 판별하기 어려워서, 법익침해의 필요조건에 해당하는 행위자를 특정하는 것이 거의 불가능하다. 그리고 법익침해의 충분조건에도 해당하는 전염가능자가 다수이면 피해자는 필요조건에 해당하는 행위를 특정하여 조건적 인과관계 요건을 충족시키는 것 자체가 불가능하다. 다만 다수 가운데 누군가로부터 전염되었다는 점이 인정되면 민법 제760조 제2항(가해자 불명의 공동불법행위)을 적용함으로써 조건적 인과관계를 개별적으로 증명하여야 하는 부담을 벗게 될 것이다. 다만 '이시 다수 접촉'의 경우 그 선후가 증명되는 경우, 최초의 감염가능자와 피해자의 사이에 조건적 인과관계가 인정되지만, 예외적으로 중간 전염가능자들의 행태에 따라서는 인과관계 단절론의 법리에 따라 선행 전염가능자가 피고에서 제외될 가능성도 배제할 수 없다. '순차 단독 접촉'의 경우 유의할 것은 피해자를 직접 접촉한 최후 전염가능자만이 손해배상책임을 지고 그 앞의 전염가능자들은 피해자에 대하여 책임을 면하는 것이 아니라는 점이다. 순차적으로 접촉한 각 전염가능자 모두가 피해자의 법익침해에 대하여 필요조건이 되는 행위자들이기 때문이다. 민법 제760조 제1항의 "공동"에 관하여 객관적 공동설을 취할

---

65) 곽윤직, 「채권각론」, 박영사, 2000, 482면.

경우 이들 전염가능자 모두는 민법 제760조 제1항이 적용될 것이다. 다만 이 경우 중간 전염가능자들의 행태에 따라서 인과관계 단절의 법리가 적용될 수 있다. 마지막으로 '순차 다수 접촉'의 경우에는 전염가능자가 다수인 단계와 그 이전의 전염가능자들에게는 민법 제760조 제2항이 적용될 것이고 그 이후의 단독 접촉자들에게는 민법 제760조 제1항이 적용될 것이다.[66]

제4절 감염방지의무로서 강제조치

Ⅰ. 감염병 피해자 개인정보의 보호와 공개

1. 감염병 피해자의 개인정보보호

개인정보란 개념이 무엇인가에 대해서는 시대에 따라서 다양한 견해가 존재하고 있기 때문에 시간적 관점에서 그 흐름을 분석하는 것이 필요하지만,[67] 통상적으로 그 개념의 정의는 살아 있는 개인에 관한 정보로서 성명, 주민등록번호, 영상 등을 통하여 개인을 알아볼 수 있는 정보(해당 정보만으로는 특정 개인을 알아볼 수 없더라도 다른 정보와 쉽게 결합하여 알아볼 수 있는 것을 포함한다)를 말한다.[68] 그리고 개인정보보호권이란 자기의 개인정보가 외부에 노출되지 않을 권리일 뿐만 아니라 적극적으로 자기관련 정보의 사용과 공개에 대하여 원칙적으로 정보주체 스스로 결정할 권리를 말한다.[69] 그래

66) 김천수, "감염방지의무와 민사책임", 28-29면.
67) 이준복, "통합 개인정보보호법 시행의 함의와 시사점", 정보법학 제15권 제3호, 한국정보법학회, 2011, 150면.
68) 김상겸·문재태, "개인정보보호권에 관한 헌법적 연구", 제도와 경제 제5권 제2호, 한국제도경제학회, 2011, 137면.
69) 문재태, "개인정보보호권의 실현에 관한 연구", 비교법연구 제12권 제2호, 동국대학교 비교

서 이들 개인정보의 수집·이용 등을 위한 대원칙은 동의원칙과 고지원칙 그리고 공정원칙이다.[70] 다시 말하면, 타인의 개인정보를 수집하고 이용하거나 제3자에게 제공하기 위해서는 사전에 정보주체의 동의를 얻어야 하고, 이러한 동의를 얻은 과정에서는 반드시 개인정보의 수집목적 및 범위 등에 대한 고지를 하여야 하며, 개인정보를 처리함에는 이러한 목적과 범위 내에서만 이루어져야 한다는 것이다. 개인정보보호법 제23조에 의하면 '개인의 사상·신념, 노동조합·정당의 가입·탈퇴, 정치적 견해, 건강, 성생활 등에 관한 정보, 그밖에 정보주체의 사생활을 현저히 침해할 우려가 있는 개인정보'와 대통령령이 정하는 정보이다. 이러한 정의에 의하면 '유전자검사 등의 결과로 얻어진 유전정보', '범죄경력 자료에 해당하는 정보', '위치정보'등도 민감 정보이다. 따라서 정보주체의 동의를 얻지 않고는 수집·이용·제공은 불가하고, 정정 및 폐기를 요구 할 수 있는 대상이라고 할 수 있다.[71]

독일은 독일헌법 기본법을 토대 하에 개인정보의 한 종류로 의료정보에 관한 규정을 두어 의료정보를 특별법으로 보호하지 않고, 일반정보보호법의 형태로 보호하고 있는데도 불구하고,[72] 오히려 우리나라보다 의료기관에서 환자의 개인정보제공 이행의무를 더 적극적으로 이행하게 하고 있다.[73] 그 이유로는 이전의 질병 및 치료법, 증상, 임신 등과 같은 적절한 정보를 의사에게 제공해야, 환자의 진료 및 치료에 필요할 뿐만 아니라, 환자가 감염병 질병의 증상도 있을 경우 알려줘야 의사가 다른 환자를 보호할 수 있기 때문이라 한다.[74] 그래서 의료기관에서도 당연히 환자의 개인정보를 보호해줘야 하는 비밀유지의무가 있는데, 의료인과 의료기관 측이 아니라도 환자의 개인정보는 법

법문화연구원, 2012, 92면.

70) 강달천, "유비쿼터스(Ubiquitous) 시대의 개인 정보보호법제", 중앙법학회 제6권 제2호, 중앙법학, 2004, 7-36면.

71) 박미정, 앞의 논문, 304-305면.

72) 김상겸, "독일의 의료정보와 개인정보보호에 관한 연구", 한독사회과학논총 제15권 제2호, 한독사회과학회, 2005, 14면.

73) Erwin Deutsch, Andreas Spickhoff, 앞의 책, 340면.

74) Erwin Deutsch, Andreas Spickhoff, 앞의 책, 111면.

적으로 보호를 받기 때문에 불특정 다수 일반인도 침해해서는 안 된다. 그러나 오스트리아에서도 우리나라처럼 의사의 비밀유지의무가 원칙인데,[75] 예외적으로 공공의 이익이 더 클 경우에는 의료정보를 공개하는 경우도 있다. 그 예외적인 경우는 죽은 환자의 상속인이 사인을 알아내기 위해 차트기록 발급을 요구하는 경우나, 범죄자의 증거로써 차트기록을 검찰 측에게 넘겨주거나,[76] 환자가 에이즈에 걸린 사실을 공공의 이익을 위해 알려주는 등 환자의 개인정보 보호보다 공공의 이익이 더 크다고 볼 경우에는 환자의 개인정보를 공개하고 있다.[77] 독일의 경우도 감염병예방법 제3조 근거에서 "정보공개를 통한 예방의 중요성"을 강조하고 있다. 즉, 감염병의 확산을 방지하기 위하여 감염병의 위험성 및 이러한 질병 예방을 위한 가능한 방법에 대하여 국민에게 필요한 정보의 공개 및 설명을 공공의 과제로 부여하고 있다.[78]

2. 감염병 피해자의 개인정보보호 침해 여부 검토

이번 코로나 바이러스19 사태를 보면 분 단위로 확진자의 동선이 언론으로 공개되면서 사생활 침해한다는 의견이 제시되자 정부는 방역에 필요한 정보만 공개하고, 공개된 정보는 2주 후 삭제한다는 원칙을 세웠지만, 여전히 신상털기식 정보 공개가 계속되면서 동선 공개에 대한 신중론이 제기되었다.[79] 원래 헌법 제17조가 보장하고 있는 사생활의 비밀과 자유에 대한 권리는 소극적으로 사생활 비밀의 불가침과 사생활 자유의 불가침을 내용으로 할 뿐만 아니라, 적극적으로 정보에 대한 자기결정권을 보장하는 것으로 이해할 수 있다.[80] 다시 말하면, 사생활의 자유영역 제한은 사생활의 자유로운 형성

---

75) herausgegeben von Frank Wenzel, 「Handbuch des Fachanwalts Medizinrecht」, Koln: Luchterhand, 2009, 1626-1627면.

76) herausgegeben von Frank Wenzel, 앞의 책, 1628면.

77) herausgegeben von Frank Wenzel, 앞의 책, 1629면.

78) 이천현, 앞의 논문, 72면.

79) 경인일보, 방역용 개인 동선공개 어디까지?다시 불붙은 사생활 침해 논쟁, 2020. 05. 12. (http://www.kyeongin.com/main/view.php?key=20200511010001943)(2021. 11. 22. 최종방문)

과 전개를 방해받지 아니할 권리가 침해되는 것으로서, 본인이 비밀로 붙여두고 싶어하는 개인에 관한 난처한 사적사항이 언론매체에 의해 그대로 공개되어 권리가 침해된다는 의미이다. 자신이 원하는 방식의 사생활을 적극적으로 형성하고 전개하는 것과 평온한 사생활의 유지를 방해 또는 간섭받지 아니할 권리를 보호하는 것으로서 생명, 신체, 건강, 명예, 정조, 성명, 초상권 등을 그 내용으로 할 수 있고, 그와 반면에 언론·출판의 자유 또한 헌법 제21조 제1항에서 기본권으로 인정하고 있어서 언론 보도는 이러한 언론·출판의 자유에 기초한다고 할 수 있다.[81] 우리는 여기서 헌법상 언론의 자유와 사생활 보호의 충돌로 볼 수 있는데 사회 전체적인 이익과 위험의 균형이 이루어진다고 하더라도 재난관리 정책에 대한 사회적 부담과 정책수단을 통한 효과의 비례관계가 일치하지 않는다는 점에서 정의라는 관점, 그리고 효율성과 유용성이 불균형해지지 않게 비례성의 원칙을 준수해야 한다.[82] 그러기 위해서는 일단 감염병의 위험성에 의한 사회적영역의 정보라서 감염병 예방법이 우선 적용한다고 하더라도 개인정보의 범위가 어디까지인지 결정하고, 개인 식별가능성에 대한 기준으로 개인정보보호 범위를 객관적으로 획정하고, 아직 확진자로 결과가 나오기 전에 환자는 격리나 검역대상자에 대한 개인식별성은 급박한 위험을 예방하는 이익보다는 개인에 대한 낙인, 집단따돌림, 생존력 훼손으로 이어질 수 있기 때문에 보호되어야 한다.[83] 그러면서 전염병이 유행하는 비상적 상황에서 환자, 취약계층 등의 의료정보는 민감한 개인의 신상정보이지만 동시에 반드시 수집해야 하는 정보이고, 예외적으로 이를 공유하거나 공개할 정보가 되기도 하기 때문에 침해 최소성 원칙을 준수해야 할 것이다.[84]

사실 코로나 바이러스19 사태와 같은 우리의 일상생활과 밀접하게 관련이 있으면서

80) 김성준, "DNA정보에 대한 비교법적 고찰", 한독사회과학논총 제19권 제4호, 한독사회과학회, 2009, 37면.

81) 박미정, 앞의 논문, 298면.

82) 전훈, "질병에 의한 재난과 공법적 대응", 토지공법연구 제79권, 한국토지공법학회, 2017, 533면.

83) 박미정, 앞의 논문, 306-307면.

84) 전훈, 앞의 논문, 535면.

도 알려진 정보가 없는 신종 감염병과 관련하여 국민들은 보건당국의 발표와 더불어 추가적인 언론보도에 의존할 수밖에 없는 것이 현실이다. 그래서 현재의 방송심의에 관한 규정 제3절의2(재난 등에 대한 방송)에 대한 개정을 검토해 볼 필요가 있다. 이 규정은 자연재해 및 사회 재난과 민방위 사태를 재난으로 규정하고 있는데, 감염병이 재난의 한 유형으로 포함되고는 있지만, 감염병이라는 특수한 재난에 대하여 적용하기에는 충분히 구체적이지 못하고 다소 일반적이다. 그렇다보니 이 규정에 감염병 관련한 조항을 신설하고, 성폭력이나 성희롱 사건보도나 범죄사건 보도에 관한 조항처럼 감염병 관련 보도에 대한 별도의 조항을 신설할 필요가 있다. 이처럼 우리 헌법 제21조 언론·출판의 자유의 보장을 함께 고려한다면 가능한 범위 내에서 법률에 따른 법적 규제 보다는 자율 규제를 유도하고 활성화시킬 수 있는 제도·정책을 마련하여 시행하는 것이 보다 합리적일 것이다. 물론 어느 하나만을 강조하는 것은 자칫 규제의 본래 목적을 그르칠 수 있기 때문에, 양자를 조화롭게 적용할 수 있도록 방송 심의에 관한 규정의 개정을 통한 방송심의 강화의 언론의 자율 규제 강화가 동시에 이루어져야 할 것이다.[85]

Ⅱ. 감염병 피해자 직업의 자유의 보장과 제한

1. 직업의 자유의 의의

직업이라 함은 생활의 기초를 형성하고 유지하는데 필요한 계속적인 활동을 의미한다. 직업의 자유를 보장하는 데에는 생활의 기본적인 수요를 충족시키기 위한 계속적 소득활동을 의미하며, 그러한 내용의 활동인 한 그 종류나 성질을 불문한다.[86] 헌법 제

85) 이준복, "코로나바이러스(COVID-19)팬데믹 사태의 합리적 대응을 위한 법적 고찰-감염병 환자의 정보 활용 범위에 대한 제언", 강원법학 제61권, 강원대학교 비교법학연구소, 2020, 466-467면.

86) 헌재 2010. 2. 25. 2009헌바38; 헌재 2014. 5. 29. 2011헌마363.

15조에서 “모든 국민은 직업선택의 자유를 가진다”라고 하여 직업선택의 자유를 보장하고 있다. 여기서 헌법상에 직업이 인정되려면 세 가지 조건이 맞아야 한다. 독일에서는 “생활의 기본적인 수요를 충족시키기 위한 계속적 소득활동을 의미하며, 그러한 내용의 활동인한 그 종류나 성질을 불문한다.”라고 하였지만, 우리나라에서는 ‘생활수단성, 계속성, 공공무해성’을 들고 있다.[87] 그런데 헌법 제15조에서는 직업선택의 자유만을 규정하고 있지만, 헌법 제15조의 기본권은 개인이 국가의 간섭을 받지 아니하고 원하는 직업을 자유롭게 선택하는 ‘직업 선택의 자유’뿐만이 아니라 선택한 직업을 자신이 원하는 대로 자유롭게 행사할 수 있는 ‘직업수행의 자유’도 함께 보장하고 있다.[88] 직업은 사회적 또는 법적으로 이미 형성된 직업상뿐만 아니라, 다양하게 해석가능 하고 새롭게 등장하는 직업상을 포함해야 한다. 이러한 직업 개념에는 수많은 비정형적 행위 유형도 포함되게 된다. 그러므로 직업이란 광의의 측면에서 “일정한 기간 동안 생활의 기초를 형성하고 유지하기 위한 활동”으로 정의할 수 있다.[89]

독일의 경우에도 독일기본법 제12조 제1항에서 “모든 독일인은 직업, 직장 및 직업교육장을 자유로이 선택할 권리를 가진다. 직업행사는 법률에 의하여 또는 법률에 근거하여 규제될 수 있다”라고 규정하여, 직업의 자유에 관하여 규정하고 있다.[90] 본래 근대의 시민사회가 성립하고 발전함에 따라 인간의 존엄과 평등에 대한 자각은 봉건적 제도로부터 개인의 해방을 요구하였고, 근대적인 소유제도와 사적자치를 기초로 자본주의 경제질서의 확립을 초래하였다. 이런 자본주의적 경제질서가 개인의 경제활동의 자유를 최대한 보장할 것을 요구함에 따라 직업의 자유가 널리 보장되게 되었고, 이를 최초로

87) 이부하, “헌법상 직업의 자유에 관한 연구-직업선택의 자유와 자격제도와의 관계를 고찰하며”, 한국법학원 제173호, 저스티스, 2019, 8면.

88) 헌재 2013. 8. 29. 2010헌마562; 헌재 2017. 6. 29. 2016헌마719; 헌재 2002. 7. 18. 99헌마574.

89) 이부하, 앞의 논문, 7면.

90) Art. 12 Abs. 1 GG: “Alle Deutschen haben das Recht, Artbeitsplatz und Ausbildungsstätte frei zu wählen. Die Berufsausübung kann durch Gesetz oder auf Grund eines Gesetzes geregelt werden.”

헌법에 규정한 것은 독일의 바이마르헌법 제151조였다.[91] 이처럼 독일기본법은 직업의 자유에 대하여 직업·직장 및 직업교육장선택에 관하여는 절대적 기본권으로 그와 달리 직업행사에 대하여는 법률에 의하여 제한되는 상대적 기본권으로 규정하고 있다.[92] 현재 우리나라도 독일처럼 헌법 제37조 제2항의 제한원칙에 의하여 제한되는 상대적 기본권을 취하고 있다. 즉, 직업의 자유를 제한하는 경우에는 국가안전보장, 질서유지, 공공복리의 목적을 충족하고, 제한방법으로서 법률의 형식으로, 제한의 정도로서 또는 필요한 최소한으로서 그리고 제한하는 경우에도 본질적 내용을 침해하여서는 안 되는 범위 내에서 제한될 수 있다.[93]

2. 직업의 자유를 제한하는 사항

직업의 자유도 제한을 받을 수 있는데 제한하는 방법으로는 일반적 법률에 의한 제한과 헌법 규정에 의한 제한, 특수 지위관계 등에 의한 제한이 있다. 일반적 법률에 의한 제한에는 등록제·신고제·허가제·자격제·지정제·특허제 등의 경우이다. 헌법 규정에 의한 제한은 대통령의 긴급재정경제명령·처분(헌법 제76조 제1항) 및 긴급명령(동법 제76조 제2항)과 비상계엄(동법 제77조)의 선포의 경우, 천연자원의 채취개발 등의 특허·보호(동법 제120조), 국토의 이용·개발과 보전(동법 제122조), 농어촌의 개발(동법 제123조), 대외무역의 규제·조정(동법 제125조), 국토방위를 위하여 또는 국민경제적으로 중요한 사기업의 국·공유화 및 통제 등 금지(동법 제126조) 등의 경제 조항, 감염병 환자(동법 제37조 제2항) 등 경제 조항에 의하여 공공복리를 위한 직업의 자유의 제한을 들 수 있다. 특수 지위관계 등에 의한 제한은 수형자, 군인, 군무원 등이 해당된다.[94]

---

91) 김은일, “직업의 자유를 제한하는 감염병에 대한 헌법적 해석”, 한국의료법학회지 제27권 제2호, 한국의료법학회, 2019, 115면.

92) 표명환, “독일연방헌법재판소의 약국판결과 우리 헌법상의 직업의 자유의 해석론”, 한국헌법학회 제15권 제1호, 헌법학연구, 2009, 425-426면.

93) 표명환, 앞의 논문, 444면.

94) 김은일, 앞의 논문, 116면.

3. 직업의 자유 침해 여부 검토

헌법은 우리나라 법에서 최고법이자 기초법이라 할 수 있다. 그런 헌법에서 모든 국민은 직업선택의 자유가 보장되게 명시적 규정으로 되어있다(헌법 제15조). 이 규정은 해석상 적극적으로는 직업을 선택하여 그 업에 종사할 권리가 있고, 소극적으로는 직업을 선택하지 않아 어떤 업에도 종사하지 않을 권리까지 포함된다. 그런데 직업선택의 자유도 법률로써 제한할 수 있는 정당한 사유가 있다.

학계에서는 대규모의 물적·인적 피해를 야기하는 일반적인 사건으로서 자연 재난뿐만 아니라 인공적인 원인에 의한 재난까지도 포함시킨다면, 신종 플루 대유행은 자연 내지 인간에 의한 재난의 일종으로 파악할 수 있다고 한다. 그래서 재난 및 안전관리 기본법 제3조 제1호에서도 재난을 "국민의 생명·신체·재산과 국가에 피해를 주거나 줄 수 있는 것"으로 정의하고 있어 감염병예방법에 따른 감염병도 재난에 포섭이 된다고 한다.[95] 그리고 감염병에 의한 재난을 자연재난과 사회재난으로 구분하고 있는데 실제로 양자의 구분은 결국 그 원인이 인재냐 천재냐의 논리이고, 비록 자연재난이라고 하여도 결국 법제도의 대상으로 들어온 이상 재난의 개념은 이미 사회적 요소가 되었기 때문에 일도양단식의 구분은 어렵다고 볼 수 있으나, 우리 사회를 정지시켰던 사스, 메르스, 코로나바이러스19 사태를 보면 법제상 사회적 재난의 요건을 갖추었다고 볼 수 있다.[96] 이렇게 사회적 재난으로써 감염병이 발생하면 공중위생의 위험 발생으로 볼 수 있기 때문에 국민의 모든 자유와 권리에 포함되는 직업선택의 자유도 공공복리를 위하여 제한된다고 해석할 수 있다.[97] 그렇다면 헌법 제37조에서 직업선택의 자유를 제한하여도

95) 정문식, "감염병의 대유행에 있어서 의약품 부족 시 의약품 제공기준에 관한 헌법적 정당성", 대한의료법학회지 제13권 제1호, 대한의료법학회, 2012, 162면.

96) 전훈, 앞의 논문, 530면.

97) 헌법 제37조
① 국민의 자유와 권리는 헌법에 열거되지 아니한 이유로 경시되지 아니한다.
② 국민의 모든 자유와 권리는 국가안전보장·질서유지 또는 공공복리를 위하여 필요한 경우에 한하여 법률로써 제한할 수 있으며, 제한하는 경우에도 자유와 권리의 본질적인 내용을 침해할 수 없다.

자유와 권리의 본질적인 내용을 침해할 수는 없다는 추상적인 규정이 있는데 이 규정에서 의미하듯이 어느 기준까지 침해가 가능할 것인가의 의문이 생기게 된다. 이와 관련하여 학계에서는 헌법이 보장하는 직업의 자유와 제한에 대한 해석을 위해 적용되는 단계 이론을 통해 국내의 다양한 법률에서 감염병을 제한사유로 규정한 법률로 해석해야 한다고 한다. 다시 말하면, 대부분의 법률들은 감염병 각각의 특성에 따라 제한 규정을 두고 있는 것이 아니라 포괄적으로 감염병이라 규정하여 과다한 법률 적용을 할 수 있는 여지를 남겨 두고 있고, 이러한 규정들은 때에 따라서는 개인의 직업의 자유를 과도하게 제한할 수 있고 이로 인한 사회적 손실을 개인이 부담할 수밖에 없다. 그러므로 직업이 사회적으로 차지하는 중요성을 인지하여 각각의 법률들은 포괄적으로 감염병을 직업의 제한 사유로 규정할 것이 아니라 직업의 특성을 고려하여 필요한 최소한의 각각의 감염병만을 제한 사유로 규정해야 한다고 한다.[98]

Ⅲ. 감염병 피해자에 대한 강제격리조치

1. 강제격리조치의 의의

의료분야에서 감염병으로 인한 격리는 병원체 및 병원소 관리, 전파과정의 차단, 숙주 관리와 환경관리를 통해서 예방 및 관리하는 것이다. 이 중에서 전파과정의 차단이란 병원소로부터 나온 병원체가 새로운 숙주로 전파되는 것을 차단하는 것으로 격리와 검역, 환경위생관리 등을 포함하는 개념이다. 격리에 대한 수권규정으로는 감염병예방법 제41조(감염병환자 등의 관리), 검역법 제16조(검역감염병 환자 등의 격리), 결핵예방법 제15조의2(입원명령거부자 등에 대한 조치)를 들 수 있다. 그 대상으로 감염병예방법은 ‘감염병 중 특히 전파 위험이 높아 감염병으로서 보건복지부장관이 고시한 감염병에 걸린 감염병환자 등’을, 검역법은 동법 제2조 제1호 가목에서 사목에 해당하는 ‘검역감염

98) 김은일, 앞의 논문, 133-134면.

병 환자 등(검역감염병 의사환자 포함)'을, 그리고 결핵예방법에서는 결핵을 전염시킬 우려가 있다고 인정되는 결핵 환자가 들어진다.[99)]

미국의 경우에는 수두에 걸린 자녀를 학교에 보내지 않고 집에 있게 하는 경우나 병원에서는 코로나바이러스나 결핵처럼 병에 걸린 환자를 다른 환자들로부터 격리시키는데, 격리된 사람들은 병을 앓고 있는 동안 자가나 병원 기타 의료시설에 치료를 받게 된다. 자가에 머물러 있는 동안 스스로 증상이 나타나는지 확인하고 증상이 나타나면 의사에게 연락하고 있다.[100)]

독일의 경우에도 관할 행정청에서 폐렴 또는 인간 간의 감염성 출혈열로 확진을 받았거나 확진의 의심이 있는 자를 병원 또는 이에 준하는 의료시설에 즉시 격리할 수 있고, 그 밖의 다른 질병의 환자 또는 감염의심자에 대해서도 필요한 경우 적절한 병원이나 기타 적당한 방법으로 격리할 수 있다. 그리고 이러한 격리에 불응하는 대상자에 대해 강제 격리조치를 취할 수 있다.[101)] 감염의심자 및 병원체보유자는 다른 적절한, 폐쇄된 시설에 격리할 수도 있는데, 이러한 조치와 관련해서는 신체의 자유권(기본법 제2조 제2항 제2문)이 제한될 수 있다(감염병예방법 제30조 제2항). 격리와 관련해서는 문제가 될 수 있는 신체의 자유에 대한 제한의 내용은 '감염병예방법'에서 직접 규정하고 있다.[102)] 감염병예방법에 직접 규정된 격리된 자의 제한내용은 격리시설의 규칙 또는 처분 내용을 준수해야 할 의무가 있으며, 격리된 자에 대한 개인 정보는 동법의 목적 달성을 위하여 사용 및 가공이 가능하고, 신체의 자유 및 사생활 비밀의 자유 중 우편물의 비밀을 보장받을 권리의 제한이 가능하다. 치료의사나 특정보호자는 자유롭게 격리된 자를 자유롭게 대면할 수 있다. 각 주 또는 각 지방 관할 행정청은 필요 시설의 제공 및 환자의 이송과 관련한 지원을 제공할 의무가 있다.[103)]

---

99) 박정일, "감염병으로 인한 격리조치에 관한 소고", 대한의료법학회지 제16권 제1호, 대한의료법학회, 2015, 300면.

100) 이천현, 앞의 논문, 94면.

101) 이천현, 앞의 논문, 83면.

102) 윤진아, 앞의 논문, 276면.

2. 강제격리조치의 요건

감염병예방법에 근거해서 감염병 환자 등은 감염병 예방 및 확산방지를 위해 2가지 수단을 규정하고 있다.

첫째, 감염병예방법 제41조에 의해서 감염병 환자 등에 대한 “입원치료 등 의무부과”이다. 즉 감염병 중 특히 전파 위험이 높은 일정한 감염병에 걸린 감염병 환자 등은 감염병 관리기관 등에서 입원치료를 받도록 하고(감염병예방법 제41조 제1항 및 제2항), 그 밖에 이러한 입원치료 대상자가 아니거나 감염병 환자 등과 접촉하여 감염병이 감염되거나 전파될 우려가 있는 사람에 대하여는 자가격리 등을 할 수 있다(동법 제41조 제3항).

둘째, 동법 제42조에 따른 “강제처분”인데, 특정한 감염병에 해당하는 감염병 환자 등에 대하여는 강제진찰을 할 수 있고, 그 진찰 결과 감염병 환자 등으로 인정될 때에는 강제입원을 시킬 수 있다(동법 제42조 제1항).[104] 이러한 조치는 아무래도 강제성을 띄기 때문에 행정상의 즉시강제의 일종으로 볼 수 있다. 행정상의 즉시강제를 학계에서는 행정상 상해가 발생하거나 장해의 발생이 목전에 급박한 경우에 성질상 개인에게 의무를 명해서는 행정목적을 달성할 수 없거나 또는 의무를 명할 시간적 여유가 없는 경우에 행정기관이 직접 개인의 신체 또는 재산에 실력을 행사하여 행정상 필요한 상태를 실현하는 것이라 한다.[105] 그러나 행정상의 즉시강제 조치는 민주주의 국가에서는 예외적인 경우에 행사해야 하는 조치이기 때문에 집행상 남용의 소지를 없애기 위해 노력하고 신중해야 한다고 본다.

3. 합법적인 강제격리조치의 타당성 검토

독일에서 격리조치를 위반할 경우에 2년 이하의 징역 또는 벌금이 부과되고, 이를 위반하여 감염병 또는 감염병원체를 확산시킨 경우에는 3개월 이상 5년 이하의 징역이

103) 이천현, 앞의 논문, 84면.
104) 이천현, 앞의 논문, 113면.
105) 정혜옥, “행정상 즉시강제에 관한 연구”, 법학논고 제40호, 경북대 법학연구권, 2012, 280면.

부과된다고 한다.[106] 미국에서는 연방 격리명령을 위반하는 경우에는 경죄로서 개인에 대하여는 100,000달러 이하의 벌금이나 1년 이하의 징역에 처하거나 양자를 병과할 수 있고, 조직체에 대하여는 사안당 200,000달러 이하의 벌금에 처한다.[107] 현재 우리나라도 감염병의 예방 및 관리에 관한 법률에서는 자가격리조치와 함께 강제격리조치 중에 하나라도 위반할 경우 1년 이하의 징역 또는 1천만 원 이하의 벌금에 처하도록 규정하고 있다(감염병예방법 제79조의3). 그런데 여기서 자가격리조치 협조 위반도 강제격리조치 협조 위반과 같은 행정형벌과 벌금이 있다는 점에서 과연 격리조치의 성질은 무엇인지 의문이 생기게 된다. 이와 관련하여 학계에서는 격리조치가 형벌 목적의 구금이나 위법행위의 예방을 이유로 구금하는 예방구금과는 종류가 다르다고 한다. 물론 위반 행위에서 감염자가 외출하는 것은 다른 이에게 감염 시키는 것을 상해를 가하는 것으로도 해석할 수 있어 예방구금으로도 생각할 수 있지만, 그 경우에는 감염이 곧 범죄라는 꼬리표가 붙게 되어 타당하지 않다는 견해이다.[108] 그런데 어떠한 행위를 하면 어떠한 행정형벌과 벌금에 처한다는 조건이 있다면 격리 조치를 위반하기 전까지는 공중위생을 위한 공공의 이익뿐만이 아니라, 격리 조치를 받는 본인을 보호하기 위한 조치로도 볼 수 있다. 만약 격리 조치를 위반할 경우에는 본인보다는 공공의 이익을 보호하는 것이, 더 우선시 되어 감염병의 전파를 막기 위함일 것이다. 그러면서 다른 격리 조치를 받고 있는 국민들에게 격리 조치를 위반하면, 행정형벌과 벌금에 처한다는 것을 보여줌으로써 조심하라는 의도의 관점으로도 볼 수 있다. 그런데 민법적 관점에서 보았을 경우에는 격리 조치를 받고 있는 자가 이행 의무의 성질이 책무가 아니라 법적 의무를 이행하는 것으로 볼 수 있다. 격리 조치를 받은 자가 그 의무를 위반하였을 경우에는 개인과 개인 간의 감염병 전파로 손해를 입힌다면 불법행위 손해배상 책임이 있으며, 선의인지 악의인지에 따라서 손해배상 금액 산정에 영향을 줄 수 있을 것이다. 그러면서 만약 감염자가 격리조치를 위반하고 병원에 내원하여 다른 환자들에게 전파하였

106) 이천현, 앞의 논문, 86면.
107) 이천현, 앞의 논문, 95면.
108) 박정일, 앞의 논문, 299면.

을 경우에는 의료사고의 부분으로 보아 피해자인 환자는 개인적으로 의료기관 측에게도 의료사고 피해구제 및 의료분쟁 조정 등에 관한 법률에 의한 구제도 가능하다.[109] 그러나 민법적 관점으로 보아도 격리 조치를 받은 자가 격리하고 있는 행위는 법적 의무를 이행하고 있는 것으로도 볼 수 있다.

109) 김지영, "병원내 감염 대응을 위한 공법적 고찰-프랑스 사례를 중심으로", 법과 정책연구 제18권 제3호, 한국법정책학회, 2018, 43면.

제3장

민사법적 책임 범위와 내용

제1절 감염방지의무 위반에 대한 책임

Ⅰ. 감염방지의무 위반에 대한 책임

1. 감염방지의무 위반에 대한 형사책임

가. 신고의무 위반

감염병 신고의무자의 보고·신고 의무 위반이나 거짓 보고를 하거나 신고 방해자에게는 벌칙으로 벌금이 있다. 개정 전에는 벌금이 200만 원 이하였는데 개정 후에는 제1·2급감염병의 경우에는 벌금이 500만 원 이하, 제3·4급감염병의 경우에는 벌금이 300만 원 이하이다.[110)]

나. 입원 조치 위반

감염병예방법 제41조 제1항에서 "감염병 중 특히 전파 위험이 높은 감염병으로서 제1급감염병 및 보건복지부장관과 협의하여 질병관리청장이 고시한 감염병에 걸린 감염병환자등은 감염병관리기관에서 입원치료를 받아야 한다"고 규정하며, 동조 제3항에서 "질병관리청장, 시·도지사 또는 시장·군수·구청장은" "입원치료 대상자가 아닌 사람" 또는 "감염병환자 등과 접촉하여 감염병이 감염되거나 전파될 우려가 있는 사람"에게 "자가 또는 감염병관리시설에서 치료하게 할 수 있다"고 규정하며, "자가치료 및 입원치료의 방법 및 절차 등"의 구체적 사항에 관한 규정을 위임받은 동법 시행령 제23조는 "자가치료 및 자가격리의 방법"을 정하고 있다.[111)] 이러한 의무를 위반한 사람은 1년 이하

110) 질병관리청 법정감염병 분류체계 개편 등에 따른 변경사항 참조. (http://www.cdc.go.kr) (2021. 2. 22. 최종방문)

111) 별표 2의 가. 1) 자가치료 및 자가격리 기간 동안 샤워실과 화장실이 구비된 독립된 공간에 격리하는 것을 원칙으로 하되, 장애인 · 영유아의 경우 등 불가피한 경우에는 함께 거주하는 사람 등과 공동 격리할 수 있다. 2) 자가치료 및 자가격리 중인 사람은 자가치료 및 자가격리 장소를 이탈하거나 이동하지 않아야 한다. 다만, 조사나 진찰 등 외출이 불가피

의 징역 또는 1천단 원 이하의 벌금에 처한다.[112)]

다. 재난단계에서 일정 행위 금지 위반

감염병예방법에 따라 "감염병에 관하여 재난 및 안전관리 기본법 제38조 제2항에 따른 주의 이상의 예보 또는 경보가 발령된 후 의료인에게 의료기관 내원이력 및 진료이력 등 감염 여부 확인에 필요한 사실에 관하여 거짓 진술을 하는 행위, 거짓 자료를 제출하는 행위, 고의적으로 사실을 누락·은폐하는 행위가 금지"된다(감염병예방법 제35조의2). 이러한 금지행위를 한 사람에게는 1천만 원 이하의 과태료가 부과된다(동법 제83조 제1항 제4호).[113)]

라. 강제처분에 의한 처벌

질병관리청장 등은 공무원으로 하여금 일정한 범위의 감염병환자 등이 있다고 인정되는 장소에 들어가 필요한 조사나 진찰을 지시하여, 그 진찰 결과 감염병 환자 등으로 인정된 사람을 동행하여 치료받게 하거나 입원시킬 수 있다(감염병예방법 제42조 제1항). 이러한 입원 또는 격리 조치를 거부한 사람은 1년 이하의 징역 또는 1천만 원 이하의 벌금에 처한다(동법 제79조의3).

질병관리청장 등은 제1급감염병이 발생한 경우 해당 공무원으로 하여금 감염병 의심자에게 자가 또는 시설에 격리시킬 수 있고, 감염병 증상 유무를 확인하는 조치를 취할

한 경우에는 미리 관할 보건소에 연락하고 그 지시에 따라야 한다. 3) 자가치료 및 자가격리 중인 사람은 가능하면 다른 사람과 별도의 화장실을 사용해야 하고, 분비물 및 배설물 등은 철저히 관리해야 하며, 화장실 및 오염된 물품은 소독해야 한다. 4) 의료진, 관계 공무원 등 출입자를 최소한으로 제한하고, 출입자에 대해서는 1회용 장갑, 마스크 등의 개인보호구를 착용하게 해야 하며, 손씻기 등 감염병 전파를 차단하기 위한 적절한 조치를 하게 해야 한다. 5) 자가치료 및 자가격리 중인 사람이 사용한 1회용 물품은 폐기물 용기에 넣어 용기 외부 전체를 소독하여 폐기처분하고, 체온계 등의 물품은 자가치료 및 자가격리 중인 사람 전용으로 사용한 후 소독해야 한다

112) 김천수, "감염방지의무와 민사책임", 15면.

113) 김천수, "감염방지의무와 민사책임", 15면.

수 있다(동법 제42조의 제2항). 이러한 격리조치를 거부한 사람은 1년 이하의 징역 또는 1천만 원 이하의 벌금에 처하며(동법 제79조의3), 기타 위반자는 300만 원 이하의 벌금에 처한다(동법 제80조).

질병관리청장 등은 위 조사나 진찰 결과 감염병환자등으로 인정된 사람을 치료 받게 하거나 입원시킬 수 있으며, 이 경우 해당 공무원과 동행시킬 수 있다(동법 제42조 제3항). 이러한 입원이나 격리조치를 거부한 사람은 1년 이하의 징역 또는 1천만 원 이하의 벌금에 처한다(동법 제79조의3).

질병관리청장 등은 거부자에 대해서 해당 공무원으로 하여금 감염병관리기관에 동행하여 필요한 조사나 진찰을 받게 하여야 한다(동법 제42조 제4항). 이를 위반한 사람은 300만 원 이하의 벌금에 처하거나(동법 제80조), 아래의 조치를 받을 수 있다.

질병관리청장 등은 거부자를 자가 또는 감염병관리시설에 격리할 수 있으며, 조사·진찰 결과 감염병환자 등으로 인정될 때에는 감염병관리시설에서 치료받게 하거나 입원시켜야 한다(동법 제42조 제7항). 이러한 입원 또는 격리 조치를 거부한 사람은 1년 이하의 징역 또는 1천만 원 이하의 벌금에 처한다.[114)]

마. 근로 제한 위반

감염병예방법에 따라 일정한 범위의 감염병환자등은 일정기간 업무의 성질상 일반인과 접촉하는 일이 많은 직업에 종사하는 것이 금지된다(감염병예방법 제45조 제1항). 이를 위반한 사람은 300만 원 이하의 벌금에 처한다(동법 제80조).[115)]

바. 건강진단 및 방역조치 위반

감염병예방법에 따라 질병관리청장 등은 건강진단이나 예방접종을 받게 하는 강제조치를 취할 수 있으며, 그 대상은 감염병환자 등의 가족 또는 동거인, 감염병 발생지역

---

114) 김천수, “감염방지의무와 민사책임”, 16-17면.
115) 김천수, “감염방지의무와 민사책임”, 17면.

에 거주하는 사람 또는 그 지역에 출입하는 사람으로서 감염병에 감염되었을 것으로 의심되는 사람, 감염병환자 등과 접촉하여 감염병에 감염되었을 것으로 의심되는 사람 등이다(감염병예방법 제46조). 이러한 조치를 거부하거나 기피하는 사람은 200만 원 이하의 벌금에 처한다(동법 제81조).

감염병 유행 시 모든 사람에게 부과되는 의무로서, 감염병예방법에 따라 질병관리청장 등은 감염병 유행 시 그 전파를 막기 위하여 이동의 자유 등을 제한하는 방역조치를 취할 수 있다. 그 조치의 내용은, "감염병환자 등이 있는 장소나 제한하는 방역조치를 취할 수 있다. 그 조치의 내용은," 감염병환자 등이 있는 장소나 감염병병원체에 오염되었다고 인정되는 장소"에 대한 출입 금지, 이동 제한과 기타 통행차단, 감염병의심자의 입원 또는 격리, 감염병병원체에 오염되었거나 오염되었다고 의심되는 물건의 사용·접수·이동·폐기·세척·소각 금지, 감염병병원체에 오염된 장소에 대한 소독 및 기타 조치의 명령, 일정한 장소에서의 세탁 금지, 일정한 장소에서의 오물 처리 명령 등이다(동법 제47조). 이 가운데 입원·격리 조치를 위반한 사람은 1년 이하의 징역 또는 1천만 원 이하의 벌금에 처하며(동법 제79조의3), 기타 위반자는 300만 원 이하의 벌금에 처한다(동법 제79조의4).[116]

2. 감염방지의무 위반에 대한 민사책임

가. 정신적 손해배상

1) 정신적 손해의 의의

정신적 손해란 어떠한 침해행위의 결과로써 발생한 손해 중 그 내용이 정신적 고통에 대한 것을 의미한다고 할 수 있다. 그러나 이러한 개념 정의는 재산적 손해를 기준으로 하여 비재산적 손해를 구분하기 위한 문언적 비교에 불과하여 정신적 손해의 개념을 파악하기에는 부족하다. 따라서 비재산적 손해와 정신적 손해를 같은 것으로 취급할 수 있을지를 먼저 밝혀져야 할 것이다. 비재산적 손해와 정신적 손해는 일반적으로 같은

116) 김천수, "감염방지의무와 민사책임", 17면.

의미로 사용한다. 그러나 비재산적 손해란 재산상의 손해 이외의 모든 손해를 의미하고, 정신적 손해는 정신적 고통, 즉 육체적 고통을 포함하여 정신적 충격·불안감·절망감·우울함 등 정신적 괴로움을 모두 포함하는 표현이라고 볼 수 있다. 따라서 정신적 손해는 비재산적 손해의 한 종류이고, 정신적 손해에 해당하지 않는 비재산적 손해도 있을 수 있다.[117]

2) 정신적 손해배상의 범위

우리나라는 정신적 손해배상이 정신적 손해 내지 재산 이외의 손해에 대한 배상으로 그 손해배상의 대상이 금전적으로 평가할 수 없는 정신적 고통이나 육체적 고통일 뿐이라고 한다. 다시 말하면, 정신적 고통에 대한 배상은 원상회복시키거나 등가물을 급부함으로써 손해를 전보하는 것과 같은 방법은 불가능하지만, 그러한 고통에 대한 배상을 받아 정신적 고통이 경감되거나 완화된다면 그 한도 내에서 금전에 의한 정신적 손해의 전보 내지 배상 가능성이 인정된다고 한다. 또한 손해배상액을 산정함에 있어서 과실책임주의에 따라 경과실과 중과실, 중과실과 고의를 구분한다. 왜냐하면 손해배상액은 가해자에 대한 비난가능성의 크기 때문이 아니라 피해자의 고통에 의해 결정되어야 한다고 보기 때문이다. 한편 가해자 측의 사정이 고려되는 이유는 피해자의 정신적 고통이 가해자 측의 사정에 의하여 영향을 받을 수도 있기 때문이라고 한다. 그와 반면에 일종의 사적 제재로서의 기능을 하는 것이라는 견해도 있다. 정신적 손해의 양적 측정이 불가능한 경우, 그 배상액의 결정에 가해자 측의 사정도 고려된다고 한다.[118]

현재 감염병 관련 판례에서는 "최초의 메르스 확진 환자인 병이 입원해 있던 정 병원 8층의 다른 병실에 입원하였다가 메르스에 감염된 무가 퇴원 후 갑이 입원해 있던 을 병원의 같은 병실에 입원하면서 갑이 무로부터 메르스에 감염되었다고 추정되는데, 제반 사정에 비추어 질병관리본부의 공무원들이 병에 대한 메르스 의심환자 신고를 받고

117) 박득배, "채무불이행에서 정신적 손해배상의 청구", 법학논총 제33권, 숭실대 법학연구소, 2015, 119면.

118) 박득배, 앞의 논문, 4-5면.

도 지체 없이 진단검사와 역학조사를 하지 않고 지연하였으며, 정 병원에서 병과 접촉한 사람을 의료진 및 병과 같은 병실을 사용한 사람들로만 결정하고 다른 밀접접촉자나 일상적 접촉자를 파악하기 위한 조사를 하지 않은 것은 현저하게 불합리하다고 인정되어, 국가의 과실과 갑의 메르스 감염 사이의 상당인과관계가 인정된다고 보아 국가는 갑에게 위자료 1000만 원을 지급할 의무가 있다"고 판결한 사례가 있다.[119] 판례에서는 위자료 산정에 대해서 피해자의 고통에만 의한 것인지, 아니면 가해자의 사정도 고려된 것인지는 명시되지 않았다. 그러나 정신적 손해배상을 산정할 때 메르스 감염 환자에게 전염 시점이나 당시 메르스의 전염력에 대한 일반적 인식 등을 고려해야 하고, 다른 메르스 환자의 진단검사와 격리 등이 적시에 이루어졌다고 해도 피해자의 감염을 막았으리라고 단정하기 어려운 사정도 같이 고려되어야 한다고 본다. 왜냐하면, 정신적 손해배상 책임이 무과실책임주의가 아닌 이상, 피해자의 고통의 수준으로만 손해배상 범위의 척도로 본다는 것은, 과실책임주의에 반하기 때문이다. 따라서 정신적 손해배상 산정에 있어서 가해자의 사정도 같이 고려되어야 한다고 본다.[120]

나. 신체적 손해배상

1) 신체적 손해의 의의

신체적 손해는 재산적 손해 중에 하나의 유형으로 볼 수 있는데, 재산적 손해 자체가 양도가능성과 대체가능성이라는 특성을 가진 것으로서 인간의 물질적 이익에 대한 손실을 의미한다. 이러한 재산적 손해는 재산자체에 대한 직접적인 침해로 인한 것과 물적 혹은 인적 침해로 인한 후속손해로서 존재할 수도 있다.[121] 예컨대, 응급실에서 의사가 환자를 진료하고 있는데, 응급실로 내원한 환자에게 마스크 착용을 부탁한다는 말에 흥분 상태로

119) 서울중앙지법 2018. 2. 9. 선고 2017나9229 판결.

120) 박득배 교수도 정신적 손해배상은 표현 그대로 피해자의 손해를 배상해주는 것이라는 통설이 타당하다고 생각하지만, 그 손해배상액의 산정에 있어서는 피해자의 손해와 함께 가해자 측의 사정이 모두 고려되는 것이 바람직하다고 한다(박득배, 앞의 논문, 6면).

121) 윤석찬, "病院感染損害에 대한 責任問題와 그 對策方案", 비교사법 제15권 제3호, 한국비교사법학회, 2008, 99-100면.

응급실 물적 자원을 발로 차는 행위로 파손을 시키면 그 후속손해로서 수선비용이 발생할 수도 있다. 그리고 그 흥분한 환자가 응급실에 상주하고 있는 의료인을 폭행하여 유형력을 행사한다면 신체침해에 의한 의료비 혹은 재활비 등의 노동능력의 회복을 위한 비용 등의 재산적 손해가 발생할 수 있다. 물론 이러한 경우는 의료법 제12조에 의해서 의료인, 간호조무사 및 의료기사 또는 의료행위를 받는 사람은 보호 받을 수 있게 규정되어 있다. 그래서 의료법상 성립요건으로 의료행위가 행하여지는 장소에서 물적 또는 인적침해로 재산상 손해를 가하게 되면 처벌을 받게 되는데, 의료법상에서는 처벌규정이 없지만, 형법상에서 폭행죄나 협박죄로 처벌하게 된다. 형법상 폭행죄나 협박죄는 반의사불벌죄(형법 제260조 제3항, 동법 제283조 제3항)로 규정되어 있고, 의료법 제87조 제2항 제2호에 의해서 피해자의 명시한 의사에 반하여 공소를 제기할 수 없다고 규정되어 있다.[122] 그러나 민법상에서도 환자가 진료 중에 불법행위를 동반한 감염방지의무 위반으로 볼 수 있으므로, 의사가 신체적 손해가 있었으면 의료비 혹은 재활비 등의 노동능력의 회복을 위한 비용 등 손해배상 책임이 발생하는 것이다. 그런데 신체적 손해로 인한 손해 발생에서 정신적 고통도 재산적 손해로 볼 것인지는 견해가 대립되고 있다. 일단 재산적 손해와 비재산적 손해에서 무엇을 기준으로 구분할 것인지의 관점에서 견해가 대립되어 있다. 먼저 침해의 대상을 기준으로 구분하여 재산에 관하여 생긴 손해에 대해서는 재산적 손해로 보고, 생명·신체·자유·명예 등에 관하여 생긴 손해를 비재산적 손해로 보는 견해가 있다(곽윤직 교수). 그와 반면에 생명·신체 등 비재산적 법익에 대한 침해는 정신적 고통과 같은 비재산적 손해 이외에 치료비·장래의 수입사실과 같은 재산적 손해도 수반되므로, 따라서 침해행위의 결과로 생긴 손해의 성질을 표준으로 하여 재산적 손해와 비재산적 손해로 나누어야 한다는 견해가 있다(김상용 교수, 김증한 교수).[123] 그러나 우리나라는 독일처럼(독일 민법 제253조) 비재산적 손해에 대한 명시적 규정이 있어야만 금전배상으로 인정한다는 입장이 아니기 때문에, 침해행위의 결과로 생긴 손해의 성질을 표준으로 하여 재산적 손해와 비재산적

122) 김태수, "의료인 등에 대한 폭행 등에 대한 처벌규정의 문제점과 개선방안-의료인을 중심으로", 법학논총 제46권, 숭실대 법학연구소, 2020, 141면.

123) 주호노, 「의사법총론」, 법문사, 516면.

손해로 나누어야 한다는 견해가 타당하다고 본다.

2) 신체적 손해배상의 범위

중앙재난안전대책본부의 '사회적 거리두기' 지침에 따라 가령 KF94마스크 착용이 권고된 공간에서, KF94 마스크를 착용하지 않고 있으면 감염병예방법상 명시된 감염방지 의무의 내용이 아니라고 하여도, 일정 공간에서의 KF94 마스크 착용은 적어도 사회생활상 의무로서의 감염방지의무라고 볼 수 있다.[124)]

피해자의 손해발생은 가해자의 불법행위와 피해자의 손해발생 사이에 상당인과관계가 있어야 하는데, 상당성 여부를 판단함에 있어 치료행위의 필요성과 기간, 그 진료행위에 대한 보수액의 상당성이 검토되어야 한다. 예컨대 경미한 응급환자가 KF94마스크 착용을 하고 있다가 답답하다며 착용하지 않은 상황에서, 마스크 착용 요구에 흥분하여 요구에 응하지 않았다면 과태료 부과 외에 민법에서는 사회생활상의 감염방지의무 위반으로 볼 수 있다. 그와 반면에 그 응급환자가 무증상 감염병 병원체 숙주여서 다른 의료진과 일반인들에게 감염을 시켰다면, 감염병 증상을 보이는 피해자들과 상당인과관계가 인정이 되면 신체적 침해가 인정이 된다. 이런 경우는 일단 감염병에 대한 치료비는 국가에서 지원해주지만, 그 치료비는 악의가 있는 가해자에게 구상권을 행사해야 한다. 그리고 마스크 착용 요구에 흥분하여 의료진을 폭행하였다면 가해자의 폭행행위와 피해자의 손해발생 사이에 상당인과관계가 인정이 되면 신체적 손해발생이 인정이 된다. 이러한 경우에 손해배상 범위는 부상의 정도, 치료내용, 횟수, 의료사회 일반의 보편적인 치료비 수준 등 제반 사정을 고려하여 비상적인 고액 진료비나 저액 진료비의 가능성을 배제하여 합리적으로 그 범위를 정해야 한다. 그 외에도 병원을 다니는데 지출한 교통비와 병원 소재지에서의 숙박비, 피해자가 퇴원하여 치료를 받으려고 했는데 가해자가 치료비를 지급하지 않아 발생한 계속적인 입원치료비 때문에 증가한 치료비, 치료기간 동안 간호 인력(간호비 또는 간병비), 후유장애로 도우미 등도 재산적 손해배상에 포함된다.[125)]

124) 김천수, "감염방지의무와 민사책임", 36면.

다. 징벌적 손해배상

1) 징벌적 손해배상의 의의

불법행위로 인한 손해배상은 원칙적으로 피해자가 입은 현실적인 손해 배상하는 것이나, 영미법계 국가에서는 가해자의 가해행위나 폭력적 또는 위압적이거나 악의, 기만, 사악한 동기, 확정적 고의, 의도적 무기만, 사악한 동기, 확정적 고의, 의도적 무시, 무모한 중과실 등과 같이 특별히 그 정상이 가중될 만한 사유를 수반하는 때에는 피해자가 입은 현실적인 손해를 초과하는 손해배상금의 지급을 명하는 경우가 있는데 이를 징벌적 손해배상이라고 한다.[126]

2) 현재 국내에서 보건 관련 징벌적 손해배상 제도

현재 우리나라에서는 보건 관련해서는 환경보건법상[127]에서 사업 활동 등에서 생긴 환경유해인자로 인하여 다른 사람에게 환경성질환을 발생하게 한 자는 그 피해를 배상하여야 하고, 피해가 사업자의 고의 또는 중대한 과실에 의하여 발생한 경우에는 고의 또는 손해 발생의 우려를 인식한 정도, 손해 발생을 줄이기 위하여 노력한 정도, 환경유해성 등을 고려하여 그 피해액의 3배를 넘지 않는 범위에서 배상해야 한다. 징벌적 손해배상은 악의적 가해자에 대한 공공적 징벌과 위해의 재발장지의 측면을 강조하면서 배상액의 정도가 가해자의 행위유형, 가해자의 악질성과 의도한 이익, 재산상태 등을 고려하여 고액의 배상액이 부과된다.[128]

---

125) 윤석찬, "病院感染損害에 대한 責任問題와 그 對策方案", 100-101면.

126) 김덕기, 앞의 논문, 90면.

127) 환경보건법 제19조 환경성질환에 대한 배상책임

① 사업활동 등에서 생긴 환경유해인자로 인하여 다른 사람에게 환경성질환을 발생하게 한 자는 그 피해를 배상하여야 한다.

② 제1항의 피해가 사업자의 고의 또는 중대한 과실에 의하여 발생한 경우에는 고의 또는 손해발생의 우려를 인식한 정도, 손해발생을 줄이기 위하여 노력한 정도, 환경유해인자의 유해성 등을 고려하여 그 피해액의 3배를 넘지 아니하는 범위에서 배상하여야 한다.

③ 면책사유, 연대책임, 면책특약의 제한, 소멸시효 등에 관하여는 「제조물 책임법」 제4조부터 제7조까지를 준용한다. 다만, 면책사유는 제1항의 책임에 한정하여 준용한다.

Ⅱ. 감염병 피해자의 특수성

1. 피해자의 증명책임 부담

피해자의 증명책임 부담 부분에서는 감염병 사례로 민법상 불법행위책임 소송에 대한 증명책임을 소개하면서, 손실보상청구 소송에 대한 증명책임도 간단하게 소개하겠다.

가. 손실보상청구 소송

손실보상청구 소송에서는 법원에서 국가의 진단검사 지연과 역학조사 부실은 인정하면서도, 다른 메르스 환자에게 전염 시점이나 당시 메르스의 전염력에 대한 일반적 인식 등을 고려하면서, 다른 메르스 환자의 진단검사와 격리 등이 적시에 이루어졌다고 해도, 피해자의 감염을 막았으리라고 단정하기 어렵다고 판단하여, 불법행위 책임을 인정하지 않은 사례가 있다.[129] 그리고 예방접종에 대한 손실보상청구 소송에서는 국가의 보상책임은 무과실책임이지만,[130] "예방접종 후 면역력이 약해질 수 있다는 막연한 추측을 근거로 현대의학상 예방접종에 내재하는 위험이 현실화된 것으로 볼 수 없는 경우까지 곧바로 인과관계를 추단할 수는 없고, 특히 피해자가 해당 장애 등과 관련한 위험인자를 보유하고 있다거나, 해당 예방접종이 오랜 기간 널리 시행되었음에도 해당 장애 등에 대한 보고 내지 신고 또는 그 인과관계에 관한 조사·연구 등이 없다면, 인과관계 여부를 판단할 때 고려할 수 있다"[131]고 보고 있어 사실상 꼭 무과실책임으로 볼 수만은 없다는 입장을 보이고 있다.

나. 민법상 불법행위책임 소송

민사소송에서는 예컨대 제조물책임에서 보아도 의약품 제조과정에서 대개 제약회사

---

128) 김덕기, 앞의 논문, 100면.
129) 서울중앙지법 2020. 2. 7. 선고 2019나18395 판결.
130) 대법원 2010. 3. 25. 선고 146163 판결; 대법원 2014. 5. 16. 선고 2014두274 판결.
131) 대법원 2019. 4. 3. 선고 2017두25764 판결.

내부자만이 알 수 있고, 의약품의 제조행위는 고도의 전문적 지식을 필요로 하는 분야로서, 일반인들이 의약품의 결함이나 제약회사의 과실을 완벽하게 증명한다는 것은 극히 어렵다.[132] 따라서 피해자가 제약회사를 상대로 바이러스에 오염된 혈액제제를 통하여 감염되었다는 것을 손해배상책임의 원인으로 주장하는 경우, 제약회사가 제조한 혈액제제를 투여받기 전에는 감염을 의심할 만한 증상이 없었고, 그 혈액제제를 투여받은 후 바이러스 감염이 확인되었으며, 그 혈액제제가 바이러스에 오염되었을 상당한 가능성이 있다는 점을 증명하면, 제약회사가 제조한 혈액제제의 결함 또는 제약회사의 과실과 피해자의 감염 사이의 인과관계를 추정하여 손해배상책임을 지울 수 있도록 증명책임을 완화하는 것이 손해의 공평·타당한 부담을 그 지도 원리로 하는 손해배상제도의 이념에 부합한다. 특히 코로나바이러스 분류는 감염병의 특성상 잠복기간이 있기 때문에 해당 질병의 원인이 상대방 때문인지 증명하기가 어렵다. 물론 비특이성 질환과 특이성 질환의 구분에서는 상대방이 코로나바이러스 분류의 숙주라는 것이 밝혀지면, 특이성 질환으로 인정되는 것은 문제가 없을 것이다. 그러나 민사소송에서 코로나바이러스19 감염 사례로 소송한 사례는 아직 없으나, 물론 계약상의 위반으로도 소송 제기가 가능하기는 한데 주로 불법행위책임 체계로 소송을 제기하기 때문에 그 입증책임은 피해자에게 있다. 더군다나 법원은 감염병과 관련하여 책임 성립을 위한 인과관계로서 상당인과관계를 일관되게 요구한다. 예를 들면, 감염병 관련 소송에서는 인과관계를 인정함에 있어 일반적인 결과 발생의 개연성과 가해행위의 태양 및 피해의 정도, 가해결과의 예견가능성 등을 종합적으로 고려한다.[133] 만약 특정 가해자에게 손해배상 청구 소송을 제기하였을 경우 피해자는 가해자의 감염 사실에서 불특정 다수인 감염자 중에 한 사람일 경우 공동불법행위의 범위는 어디까지인지, 그리고 어디까지가 인과관계가 단절이 되는지, 즉 그 특정 가해자가 본인이 감염된 사실을 알고 있었는지와 악의가 있었는지 등 피해자에게 입증책임이 있다. 특히나 회사와 일반인 관계가 아닌 일반인과 일반

132) 대법원 2017. 11. 9. 선고 2013다26708, 26715, 26739 판결.

133) 대법원 2016. 8. 25. 선고 2014다225083 판결.

인 관계에서는 제조물책임처럼 과실과 피해자의 감염 사이의 인과관계를 추정한다고 보는 것도 공평의 이념상 적용하는데 무리가 있다고 본다.

2. 피해자의 개인정보 공개 타당성 논란

주로 피해자의 개인정보는 방송이나 문자나 인터넷 등을 통하여 불특정 다수인들에게 정보를 공개한다. 문제는 감염자와 밀접접촉한 사람들이 누군지 식별할 수 있는 정보가 개인의 동의 없이 공개되어 사생활의 부당한 공표가 될 수 있다는 점이다. 말하자면, 공중보건위기 상황에서 공익을 위해서 수인되는 일정부분의 침해가 공개로 이어져 사생활의 자유까지 침해된다는 것이 문제의 논란이라 볼 수 있다. 이는 사적인 공간에 대한 불법침해라기 보다는 주로 심리적인 것으로서 일상생활의 방해 내지는 정신적 고통을 문제 삼는 것이다. 즉 감염환자나 격리대상자가 누구인지 알게 되면 따돌림으로 이어지고, 복잡한 감염스토리가 노출되어 특정인, 특정 집단이 낙인이나 차별을 당하기도 한다.[134] 그리고 과거 언론보도와 관련하여서는 메르스가 의료기관에서 확산된 주요원인을 메르스 14번 때문인데, 슈퍼전파자라고 명명하여 큰 충격을 준 적이 있다. 그 메르스 14번은 스스로 감염된 줄도 몰랐고, 입원하다 퇴원 직전에 알게 되었는데 여러 곳을 해맨 정황이 기사화되었고, 슈퍼전파자라는 잘못된 표현으로 낙인 되어 심각한 인격침해로 고통받아 신체적·정신적 후유증을 호소했다.[135]

3. 불특정 다수 가해자와 피해자의 복잡성

소위 '사회적 거리두기', '물리적 거리두기' 또는 '안전한 거리두기' 운동은 지역사회 감염 차단을 위해 많은 사람들이 모이는 행사 및 모임 참가 자제, 외출 자제, 재택근무 확대 등의 내용으로 시작하였다.[136] 그런데 우리 속담에 '열길 물 속은 알아도 한길 사

134) 박미정, 앞의 논문, 299면.
135) 박미정, 앞의 논문, 302-303면.
136) 김천수, "감염방지의무와 민사책임", 18면.

람 속은 모른다'는 말이 있다. 이 속담으로 감염병 확산을 비유하자면, 감염병에 감염된 숙주 한 사람이 많은 장소에 가면 불특정 다수인이 감염되게 한다. 그런데 그 많은 불특정 다수인 중에서도 나중에 본인의 감염 사실을 알게 된 후에도 방역 의무를 지키는 자가 있는 방면에, 방역 의무를 위반하여 본인의 답답한 마음에 불특정 다수인이 많은 장소로 다니는 경우도 있다. 다시 말하면, 그 불특정 다수인들 중에는 국민으로서 당연히 지켜야 하는 감염방지의무를 본인이 감염된 사실을 몰랐다거나, 알면서도 다니는 사람들이 수두룩하다는 의미이다. 평소에 감염방지의무를 잘 지키던 사람들도 감염방지의무 위반자에 의해 감염병 병원체의 숙주가 된다는 사실이다. 그렇다면 처음에 감염병에 감염된 숙주만 가해자일까라는 의문이 생긴다. 왜냐하면 중간에 감염된 피해자 중에서도 본인이 감염된 사실을 알면서도 본인의 답답한 마음을 못 이겨 또 다른 불특정 다수인이 많은 장소로 다녔다면, 그 중간에 감염된 피해자는 가해자로 보아야 할지가 의문인 것이다. 그래서 이부분에 대해서는 본논문의 제3장 제3절에서 손해배상 범위론으로 검토를 하도록 하고, 일단 사회적 거리두기는 설사 실정법상 근거가 없더라도 사회생활상 의무를 보건당국이 구체화한 것으로서의 의미가 인정될 수 있고, 감염병예방법 제7장(감염 전파의 차단 조치)이나 제8장(예방 조치) 관련 조항을 근거로 하여 국가나 지방자치단체(이하에서는 '국가 등'이라고 함)가 그 권한을 구체적으로 실행하는 것으로 이해할 수 있다. 이는 감염방지의무와 관련하여 일반 국민 등 개인의 인식가능성을 추정하는 근거가 될 수도 있고, 이러한 의무 내용의 인식가능성은 유책성이라는 요건과 관련하여 결국 그 위반으로 인한 법익침해에 관한 예견 및 회피의 가능성을 인정하는 근거로도 작용할 수 있을 것이다.137)

4. 피해자 손해배상 범위의 확립 필요

피해자 손해배상 범위를 확립하고자 하는 이유는 감염방지의무 위반행위로 인한 법익침해에서 후속할 구제척 손해 항목들의 연속 고리를 어느 선에서 차단하여 위반자가 부

137) 김천수, "감염방지의무와 민사책임", 19면.

담해야 할 책임의 범위가 무한히 확대됨을 막고자 하는 것이다. 어느 감염방지의무 위반행위로 말미암은 각 단계, 즉 역학조사 및 방역을 위한 단계, 진단과 치료를 위한 단계, 예방을 위한 단계 등에 지출되는 비용과 기타 초래되는 손실의 항목들을 나열하면 끝이 없다. 격리에 따른 개인과 직장의 피해, 진단과 치료 및 방역에 소요된 국가 등의 인적 물적 자원 손실, 감염병보유자 및 접촉자들의 동선에 있는 영업 장소나 시설의 폐쇄 및 방역의 비용과 영업 이익의 손실, 감염으로 인한 사망 등으로 피해가 계속 확산되어 가는 것이 감염병의 특성이다.[138] 이 부분에 대해서는 본 논문의 제3장 제3절에서 검토하도록 하겠다.

제2절 감염병에서 인과관계 입증책임

본 부분에서는 민사소송에서 불법행위책임 체계로 소송 시 입증책임 문제에 대해서 검토하고자 한다.

Ⅰ. 감염병 소송에서 입증책임

1. 감염병에서 입증책임 분배 이론

현재 우리나라는 입증책임에 대해서 아무런 규정을 두고 있지 않은 상황에서 실무에서는 입증책임에 대한 개념을 확실히 인정하고 있다. 실제로 소송 당사자 간의 사실관계에서 주장하는 진실이 맞는지 알 수 없을 때, 입증책임을 지는 상대방이 불이익을 받

138) 김천수, "감염방지의무와 민사책임", 31면.

아서 패소할 수 있기 때문에 입증책임의 분배는 중요하다. 입증책임 분배 이론에는 법규분류설, 소극사실설, 외계사실설, 인과관계설, 통상사실설, 최소한사실설, 특별요건설, 전부사실설, 이익설, 법률요건분류설 등이 있는데 감염병에 관한 소송에서 어느 입증책임 분재 이론을 적용하는 것이 합리적인지 검토하고자 한다.

법규분류설은 실체법 규정을 원칙규정과 예외규정으로 구별하여 원칙규정의 적용을 주장하는 자가 그 규정의 요건사실을 입증하고, 예외규정의 적용을 주장하는 자가 그 요건사실을 입증해야 하는 이론이다. 그러나 이 학설은 독일민법전을 만들 때 입증책임의 분배를 염두에 두고, 원칙규정과 예외규정을 정하였다는 사정 때문에 독일민법을 제정할 당시에 성행하였던 이론이라 하고, 우리 법률은 규정에 있어서 입증책임의 분배를 고려하지 않기 때문에 우리나라에서는 적용하기 곤란하다.[139]

소극사실설은 로마법에서 주장하는 자는 입증을 요하고, 부정하는 자는 요하지 않는다는 원칙에서 이끌어 낸 이론인데, 입증책임은 적극적인 사실을 주장하는 자에게 있고, 소극적인 사실은 그 상대방이 입증책임을 부담한다는 학설인데 과거에는 독일의 PLACENTIN가 주장하였지만, 현재는 이 학설을 주장하는 학자는 없다.[140] 예컨대, 의료기관에 내원한 감염병 환자가 자가격리조치를 위반하고 감염 사실을 숨기려 고지의무 위반을 해서 다른 환자가 감염병에 전염되었다. 소송 적격자가 감염병 전염으로 손해배상 청구 소송에서 인과관계 여부를 다투는 부분이 된다면, 원고에게 감염병을 전염 시킨 사실을 입증해보라고 하는 건 이해가 가지만, 피고에게 감염병을 전염 시키지 않았다는 사실을 입증해보라고 하는 건 이해가 되지 않아 우리나라에 적용하는 것은 타당하지 않다고 본다.

외계사실설은 법률행위 중에서 표시한 행위에 대해서는 입증이 필요하고, 표시한 행위에 따르지 않은 것은 입증할 필요가 없는데, 이미 재판 중에 사실관계에서 진실로 인정이 된 부분은 입증할 필요가 없어진다는 이론인데 독일의 HELMONT의 주장이

139) 오서락, 「입증책임론」, 박영사, 1996, 71면.
140) 오서락, 앞의 책, 71-72면.

다.[141] 그런데 이 이론은 소송 당사자 중에 누가 먼저 입증을 해야 하는지 정해져 있지 않은 상황에서 입증을 하지 못하면 사실이 아닌 것으로 보기 때문에 상대방은 입증할 필요가 없어지면 그 소송의 원인이 되는 문제는 전혀 해결되지 않는다. 예컨대, 재판에서 감염병 전염 원인의 사실을 다투는 부분에서 피고가 선의인지 악의인지를 다투어야 되는 부분에서 이미 입증할 필요가 없어지게 된다면 선의인지 악의인지에 대한 불이익을 판결하는 것은 해결되지 않기 때문에 이 학설은 타당하지 않다고 본다.

인과관계설 일정한 권리관계를 발생하게 하는 사실을 원인사실과 단순한 조건에 불과한 사실로 구별하여 원인사실은 입증책임이 있고, 단순한 조건에 불과한 사실은 입증책임을 부과하지 않는다는 이론인데 독일의 HELLWIG의 주장이다.[142] 그런데 이 학설은 내용에서도 알 수 있듯이 입증책임 분배에 대한 해결은 나오지 않았다. 예컨대, 감염병 전염으로 인한 손해배상 청구 소송에서 입증책임이 누구에게 있는지 정해지지 않은 상황에서 원인 사실만 입증을 하는 것으로 정한다면, 이 이론은 입증책임 분배가 아니라 입증을 해야 하는 사실을 구별하는 이론이 되기 때문에 타당하지 않다고 본다.

통상사실설은 법률요건사실을 통상의 사실과 특수한 사실로 구별하여 권리관계의 발생을 주장하는 자는 인간의 경험에 따라 통상 권리관계를 발생하게 하는 사실에 대하여는 입증책임을 부담하나, 본래 발생한 법률효과를 방해하는 특별한 사실 또는 예외적인 사실은 상대방이 그 입증책임을 부담하는 이론인데 독일의 PLANCK의 주장이다.[143] 그런데 이 이론은 통상의 사실과 특수한 사실로 구별해서 입증책임을 부담한다는 내용이지만, 법률요건분류설과 비슷하다 못해 같은 이론이나 다름없다. 왜냐하면 결과적으로는 본인이 유리한 사실관계를 주장하자는 이론이기 때문에 통상의 사실과 특수한 사실로 구별하는 이론은 타당하지 않다고 본다.

최소한사실설도 법률요건분류설과 비슷한 이론인데 주요규정, 보충규정, 반대규정으로

141) 오서락, 앞의 책, 72면.

142) 권종칠, "입증책임분배에 있어서 법률요건분류설의 문제점에 관한 연구-적극적 채권침해를 중심으로", 연세대대학원, 박사학위 논문, 2008, 71면.

143) 권종칠, 앞의 논문, 72면.

분류하여 최소한도의 사실로 주요규정과 보충규정에 적용되는 사실을 입증하고, 반대규정은 상대방이 입증해야 한다는 이론인데 독일의 BETZINGER의 주장이다.[144] 그러나 과실과 인과관계 인정 여부를 다투는 부분에서 중요한 사실관계를 어떤 것은 입증책임을 지우고, 어떤 것은 입증책임을 지울 필요가 없다는 분류 방식은 최소한 주요사실에서 일정한 법칙에 의한 입증책임 분배의 원칙을 제시하지 못하고 있어 타당하지 않다고 본다.

특별요건설은 독일의 Unger가 주장하는 이론인데, 권리관계의 발생, 소멸에 필요한 법률요건을 권리관계의 발생, 소멸에 특유한 요건과 그렇지 않은 일반요건을 구별하여 권리관계의 발생이나 소멸을 주장하는 자는 특별요건을 구성하는 사실의 입증책임을 부담하나 일반요건을 구성하는 사실에 대하여는 입증책임을 부담하지 않고 오히려 상대방이 그 일반요건의 흠결에 대하여 입증책임을 부담한다는 이론이다.[145] 그러나 이 이론은 예컨대, 가해자인 감염병 환자가 피해자에게 전염을 시켜 손해를 배상해야 하는 문제가 생겼을 때 민법 제750조 불법행위에 의한 규정을 적용하면서, 어느 것이 특유한 요건이고 일반요건인지 구분하기가 어려워 타당하지 않다고 본다.

전부사실설은 독일의 LEONHARD가 주장하는 이론인데, 권리관계의 발생을 주장하는 자는 그 권리관계의 발생에 필요한 법률요건을 구성하는 모든 사실을 입증해야 한다는 이론이다. 그 이유는 법률요건은 실체법상 절대적으로 규정되어 있으니, 그 법률효과를 주장하는 자가 그 모든 요건 사실을 증명하여야 하고 그 중 하나라도 빼면 법률효과가 발생하지 않기 때문이라는 것이다. 다만, 일반요건을 구성하는 사실에 관하여는 상대방의 질문이 없는 한 암묵의 주장과 입증이 있다고 보고 그 흠결에 관하여는 오히려 상대방에게 반증의무가 있다고 한다.[146] 그러나 이 이론은 당사자의 태도를 기준으로 입증책임을 지운다는 의미나 다름없기 때문에 타당하지 않다고 본다.

이익설은 독일의 ULE가 주장한 이론인데, 본인에게 유리하게 이익이 되는 사실의 입

144) 오서락, 앞의 책, 74면.
145) 권종칠, 앞의 논문, 74면.
146) 권종칠, 앞의 논문, 75면.

증을 해야 하는 이론이라서 본인의 이익을 위한 주장과 상대방의 이익이 되는 주장을 막는 입증을 동시에 해야 하는 이론이다.[147] 그런데 이 이론은 법률요건분류설과 비슷하긴 한데 본인의 이익을 위한 주장 외에도 상대방의 불이익을 위한 주장도 해야 한다는 점에서 차이점이 있는 것으로 보인다. 그러나 상대방의 불이익을 위한 주장도 같이 하지 못한다면 목표를 달성하지 못했다는 의미도 되므로 타당하지 않다고 본다.

법률요건분류설 독일의 LEO ROSENBERG가 주장하는 이론인데, 일정한 법규를 적용하지 않고서는 자신의 소송상 요구가 실현될 수 없는 당사자는 그 법규의 여러 요건들이 실제로 실현되었다는 사실에 대해 입증책임을 진다고 본다. 그래서 각 당사자는 본인에게 유리한 법규의 요건을 주장하고 증명해야 한다는 이론이다.[148] 사실 이 이론은 현재 우리나라에서 적용되고 있는 입증책임 분배의 원칙인데 여러 학설들 중에서 가장 합리적이고 논리적인 이론이라고 본다. 왜냐하면 소송은 입증책임 부분에서 공평의 이념상 동등한 입장에서 소송을 해야 하는 소송 적격자이자 당사자이기 때문이다. 예컨대, 감염의 예방에 주의의무 위반이 없던 의료기관에서 역학적 인과관계 여부를 입증해야 하는데, 가해자 입장인 환자에게 입증책임 전환론이나 경감론을 적용하면 불공평하기 때문에 법률요건분류설로 적용하는 것이 공평의 이념에 부합한다고 본다.

원래 우리나라 민법상에서는 가해자와 피해자 모두에게 손해 발생과 인과관계가 있을 경우에는 법률요건분류설로 당사자가 동등한 입장에서 본인에게 유리한 방향으로 입증하는 것이 원칙이다.[149] 그런데 소송당사자의 입장에서는 입증 책임을 진다는 의미가 소송의 승패를 좌우하는 중대한 사항이기 때문에 입증 책임의 분배를 결정할 경우에는 소송당사자의 공평의 이념을 고려하면서 입증책임 분배를 하여야 한다.[150] 예컨대 감염병 피해에 대한 손해배상청구 소송상에서, 피해자의 불리한 입장을 고려해서 가해자에

---

147) 오서락, 앞의 책, 76면.

148) 권종칠, 앞의 논문, 77면.

149) 정선주, “법률요건분류설과 증명책임의 전환”, 민사소송 제11권 제2호, 한국민사소송법학회, 2007, 137-138면.

150) 정선주, 앞의 논군, 135-136면.

게 입증책임을 전환한다면 공평의 이념에 부합될 것인지 검토해야 하는 부분이다. 현재 개연성 이론을 적용하고 있어도 피해자가 불리하다고 하여 입증책임을 가해자에게 전환하는 분야가 있는데 대표적으로 의료과실 분야이다. 그런데 현재 미국에서는 환자가 전문가 증인을 두어 의사와 동등한 입장에서 입증 책임 분배를 하고 있다.[151] 환자가 전문가 증인을 두어서 입증해야 할 사항은 적절한 의료 표준이 무엇인지, 피고가 그 인정기준에서 벗어난 것은 무엇인지, 그리고 그 기준을 위반하는 행위가 의사에게 근본 원인(인과관계)이 이었다는 것을 입증해야 한다.[152] 따라서 이러한 사항을 증명하기 위해 의사 전문가의 증언이 필수적이라 볼 수 있다.[153] 이렇게 미국은 우리나라와 달리 의료과실 소송당사자의 입증 책임을 동등한 입장에서 소송을 하기 위해 환자의 입증을 도와주는 의사 전문가를 두게 하고 있다. 그뿐만이 아니다. 독일의 경우에는 무기 평등의 원칙에 의해서 환자와 의사 간의 서로 과실 여부를 주장하는 사람에게 입증책임이 있다. 그 이유로는 의사의 경우에는 의학적 책임과 관련하여, 의료행위의 구체적인 조치와 누락으로 인하여 통상적인 의료행위 기준에 해를 입힌 사실과 환자의 손해 발생 사이의 인과관계가 인정이 되어야 손해배상 책임이 인정이 된다. 그런데 손해를 입은 환자의 경우에는 의사의 의료행위 과정에서 받은 수술 절개, 봉합, 주사, 약 등 받는 모든 조치에 대해 개별적으로 이해하는데 부족함이 많다. 그렇기 때문에 의료전문가로서 기준이 명확하지가 않으므로 환자와 의사 간의 의학적 정보 편차는 당연한 것이기 때문에 의사만이 입증책임이 있는 것은 아니라는 의미이다.[154] 그렇다면 우리나라에서도 이 제도를 도입한다면 어떨지 의문이다. 의료과실 분야에서도 이 제도를 도입한다면 감염병 관련

---

151) Herman CYR, Pro ami, v. Joseph H. GIESEN. Leon CYR v. Joseph H. GIESEN. Supreme Judicial Court of Maine. October 13, 1954; Anton K. SAMAAN, Plaintiff, Appellant, v. ST. JOSEPH HOSPITAL and David Kaplan, M.D., Defendants, Appellees. (Samaan II), 744 F.Supp.2d 367 (D.Me.2010).

152) Priscilla E. DUBOIS v. UNITED STATES of America. 324 F. Supp. 2d 143 (2004); Joan COX v. Dr. Teodore DELA CRUZ. 406 A.2d 620 (1979).

153) Michaud v. Blue Hill Memorial Hospital, 942 A.2d 686, 2008 Me. 29, Feb 12, 2008.

154) herausgegeben von Frank Wenzel, 앞의 책, 715면.

소송뿐만이 아니라 환경오염소송, 제조물책임, 반도체 백혈병 소송 등 역학적 인과관계로 증명해야 하는 분야는 모두 적용할 수 있기 때문이다.[155] 예컨대 일반인과 일반인 사이에서 감염병 불법행위 책임으로 민사소송 시 법률요건분류설로 입증책임을 하여도 보건 및 의료전문가 증언제도를 도입해서 한다면 공평의 이념상에도 부합하면서 입증의 부담도 덜어줄 수 있다. 따라서 우리나라도 미국처럼 감염병과 관련된 보건 및 의료 전문가의 도움으로 피해자의 입증 책임 부담을 덜어 주면서 법률요건분류설의 단점을 보완하는 것이 공평의 이념에 부합된다고 본다.

2. 입증책임 방해 시 보호론

입증 방해론이란 입증책임을 부담하는 자의 입증이 상대방의 방해 행위로 인하여 곤란하거나 불가능하게 되는 경우에 입증책임을 부담하지 않는 상대방에게 증거법상 어떤 불이익을 가함으로서 공평을 유지하려는 것이다.[156] 이러한 입증 방해론은 우리 학계에서 입증책임 전환설, 자유심증설, 자유재량설로 견해가 나눠진다. 입증책임 전환설은 입증을 방해한 자에게 입증책임을 전환하여 소송의 패소가 확실하게 되기 때문에 입증 방해를 하지 않으려고 주의할 것이므로, 이러한 예방적 사상으로부터 입증책임의 전환을 인정해야 한다는 견해이다.[157] 자유심증설은 입증을 방해한 자에 대한 증거법상의 제재로 전환하도록 하거나 법관의 자유 심증에 따라 입증책임 부담자의 주장이 진실한 것으로 인정할 수 있도록 하자는 견해이다(신은주 교수, 백경희 교수).[158] 자유재량설은 입

---

155) 현재 우리나라는 독일의 영향을 받아 감정 제도를 도입한 상황이다. 독일은 소송으로 넘어가기 전 의료중재원과 감정위원회에 은퇴한 의사 전문가를 두어 객관적인 감정과 결정을 담보하고 있고(herausgegeben von Frank Wenzel, 앞의 책, 715면), 중재 결정에 불복하여 소송절차로 넘어간 것은 약 10%정도 밖에 되지 않는다고 한다(herausgegeben von Frank Wenzel, 앞의 책, 717면).

156) 백경희, "의료과오소송에 있어서 인과관계의 판단과 입증책임에 관한 판례의 최근 경향", 의료법학 제8권 제1호, 대한의료법학회, 2007, 185면.

157) 신은주, "의료과오소송 입증책임론의 전개와 발전", 의료법학 제9권 제1호, 대한의료법학회, 2008, 46면.

158) 백경희, "의료과오소송에 있어서 인과관계의 판단과 입증책임에 관한 판례의 최근 경향",

증을 방해한 효과로서 법원이 구체적인 사안을 고려하여 자유재량으로 입증책임자의 주장을 진실한 것으로 하자는 견해인데, 자유심증설과 비슷한 점이 있으나 그 평가는 사실인정이라는 차원에서 고려하는 것이기 때문에 다르다.[159] 현재 입증책임전환설과 자유재량설을 지지하는 국내 학자는 보이지 않고, 학설과 판례 모두 자유심증설을 취하고 있다.[160] 그러나 환자의 입증 방해 시 자유심증설을 취하게 되면 기존에 환자를 보호하려는 인식이 강하고, 법관의 재량행위 남용을 배제할 수 없기 때문에 합리적인 이론으로는 입증책임 전환설로 적용하는 것이 타당하다고 본다.

Ⅱ. 감염병에서 인과관계 입증 시 문제점과 개선방안

1. 감염병 발생 시점에서 특수성

민법상 불법행위책임 손해배상 청구 소송 시 감염병의 경우는 잠복기가 있기 때문에 감염병 발생 시점이 명확하지가 않다. 그래서 손해가 발생한 시점에서 잠복기 기간을 추정하여 감염병 발생 시점을 기산점으로 보고 있다. 감염병과 관련하여 판례의 내용을 보면, "혈우병 환자인 갑 등이 을 주식회사 제조 및 공급한 혈액제제로 인하여 HIV(인간면역결핍 바이러스)에 감염되었는지가 문제된 사안에서, 대법원은 을 회사가 제조한 혈액제제 결함 또는 을 회사 과실과 갑 등의 HIV 감염 사이에 인과관계가 추정된다고 하면서, 해당 병의 특성상 감염병 잠복기가 길거나 감염 당시에는 장차 병이 어느 단계까지 진행될 것인지 예측하기 어려운 경우, AIDS(후천성 면역결핍증)의 잠복기는 약 10

185-186면.

159) 자유심증설은 순수한 제재로 '인정하자'는 의미하고, 자유재량설은 사실인정으로 '고려하자'는 의미이다(신은주, "의료과오소송 입증책임론의 전개와 발전", 46-47면).

160) 당사자 일방이 입증을 방해하는 행위를 하였더라도 법원으로서는 이를 하나의 자료로 삼아 자유로운 심증에 따라 방해자 측에게 불리한 평가를 할 수 있음에 그칠 뿐 입증책임이 전환되거나 곧바로 상대방의 주장 사실이 증명된 것으로 보아야 하는 것은 아니다(대법원 1999. 4. 13. 선고 98다9915 판결; 대법원 2014. 11. 27. 선고 2012다11389 판결).

년 정도로 길고, HIV 감염 당시 AIDS 환자가 될 것인지 여부가 불확실하며, AIDS환자가 되었다는 것과 HIV에 감염되었다는 것은 구별되는 개념이라는 사실을 알 수 있고, AIDS환자가 되었다는 손해는 HIV감염이 진행되어 실제 AIDS환자가 되었을 때 현실적으로 그 손해의 결과가 발생하였다고 볼 여지가 있다"[161]고 하여 에이즈의 경우 손해가 발생한 시점에서 10년 전으로 보았다. 그렇다면 코로나바이러스의 경우는 잠복기가 14일이기 때문에 감염병 발생 시점을 손해가 발생한 시점에서 14일 전으로 보듯이, 감염병마다 잠복기가 다르기 때문에 감염병 발생 시점이 명확하지가 않고, 추정할 수 있는 정도이다.

2. 소송상에서 입증책임 감경의 필요성

감염병으로 인한 손해배상청구 소송이나 의료과실 소송은 법원에서 불법행위 구조로 판단하고 있기 때문에 피해자에게 발생하는 손해발생이 늦어질 수도 있고, 다른 원인이 영향을 미칠 경우 피해자의 손해발생의 원인이 불분명 할 수도 있고,[162] 가해자가 불특정 다수인 중에 있을 경우 가해자를 지목하기도 어렵기 때문에 손해배상책임의 성립에서 가장 중요한 조건적 인과관계 증명이 어렵다. 그래서 소송상에서 인과관계의 인정은 자연적 인과관계와 인과관계에 관한 규범적 판단의 두 요소가 복합되어 행해지는데(상당인과관계설) 피해자가 입증하여야 하는 것은 자연적 인과관계의 부분이다. 자연적 인과관계는 원칙으로 법관이 확신을 가질 상태에 이르는 정도로 입증되어야 하는데, 이것은 인과연속에 관한 엄밀한 과학적 확신보다는 약한 정도를 말한다. 원인과 결과 사이의 인과관계 인정에 전문적인 과학지식을 필요로 하거나, 그 인과관계의 입증을 위한 자료가 가해자 측에게 있어 피해자가 접근하기 어려운 경우에는 일정한 요건 아래 인과관계의 사실상 추정이 이루어진다.[163] 그런데 감염병으로 인한 손해배상책임을 인정하

161) 대법원 2011. 9. 29. 선고 2008다16776 판결.

162) 백경희, "의료사고 민사책임과 소멸시효", 한국의료법학회지 제20권 제1호, 한국의료법학회, 2012, 134면.

163) 김재완, "반도체산업 노동자의 암 발병과 직업병 인정을 위한 법적 방안", 민주법학 제44

기 위해서는 감염병 병원체 숙주인 가해자와 피해자의 예견 및 회피 가능성이 있었는지도 고려해야 한다. 물론 구체적인 손해의 발생을 예견하지 못하였어도 그 전제인 법익침해를 예견할 수 있었으면 예견가능성은 인정된다.[164] 그러나 손실보상청구 소송에 대한 판례에서도 마찬가지이지만,[165] 개연성 이론과 역학적 인과관계를 적용하여도 피해자의 입증이 어렵다. 이러한 문제점은 감염병 분야뿐만이 아니라,[166] 환경오염피해 배상청구소송사례,[167] 의료과실 소송사례[168]에서도 쉽게 찾아볼 수 있는 공통점이 바로 피해자의 입증이 어렵다는 것이다.

3. 입증책임 감경으로 증언 제도 도입

가. 미국의 전문가 증언

전문가 증언 제도는 교육, 훈련 기타 특별한 경험에 의해 특정 주제에 관해 일반인을 뛰어넘는 특별한 전문성을 가졌다고 여겨지는 주체가 증인이 되어 증언하는 것을 말하는데, 당사자주의를 중심으로 하는 미국에서는 전문 지식의 법정에서의 현출도 당사자의 책임에 속하는 것이 원칙이다. 그에 따라 전문가 증인을 신청하는 것도 원칙적으로 당사자이다. 물론 그렇게 신청된 증인을 법정에 세울지는 배심원이 아닌 법관이 결정한다.[169] 미국의 경우에는 민사소송에서도 전문증거금지의 원칙이 유지되고 있어서 과거에는 직접 체험에 기초하지 않은 전문가의 견해는 이에 해당된다고 하여 증거로 인정되지 않았다. 그러나 최근에는 전문적 지식에 대한 독자적 증거능력의 인정 여부에 대해

호, 민주주의법학연구회, 2010, 37-38면.

164) 김천수, "감염방지의무와 민사책임", 22면.

165) 대법원 2019. 3. 14. 선고 2018다249667 판결; 서울중앙지법 2020. 2. 7. 선고 2019나18395 판결.

166) 전병주, 앞의 논문, 1984면.

167) 박종원, "환경오염피해 배상 및 구제 제도 개선을 위한 입법방안 연구-환경오염피해 배상책임 및 구제에 관한 법률에 따른 행정적 구제제도를 중심으로", 6면.

168) 백경희, "의료사고 민사책임과 소멸시효", 11면.

169) 김덕기, 앞의 논문, 282면.

서는 여전히 제한될 가능성이 있지만, 전문가가 법정에서 의견을 진술함에 있어서 이를 원용할 수 있다고 한다.[170] 미국은 주로 공해소송과 유독물질에 대한 소송에서 전문가 증언에 대한 법리가 축적되어 있다.[171] 그와 반면에 우리나라의 경우에는 민사소송법상 원칙적으로 증거능력의 제한이 없어서(민사소송법 제202조), 특별한 사정이 없는 한 증명력이 인정되는 부분에서 문제가 되기 때문에, 법원은 역학적 연구결과의 증명력뿐만이 아니라, 승인된 역학적 연구결과가 아니라고 해서 반드시 배척되어서는 안 된다.[172]

현재 우리나라는 독일의 영향을 받아 감정 제도를 채택하고 있는바, 독일은 의료중재원과 감정위원회뿐만이 아니라, 은퇴한 의사 전문가를 두어 객관적인 감정과 결정을 담보하고 있다.[173] 그러나 이러한 감정 제도는 동일한 전문 분야의 전문가들에 의해서만 검토될 수 있을 뿐, 전문가가 아닌 법관의 자유심증에 따라 사실 인정을 하는 우리 법제도 하에서는 근본적인 한계가 있다.[174]

나. 미국의 전문가 증언의 허용 기준

미국은 지난 1923년 워싱턴 D.C. 연방항소법원에서 프라이(Frye) 기준인 '일반적 승인설'이 나오면서 다우버트의 신뢰성 기준이 나오기 전까지 적용되었다. 여기서 프라이 기준은 법원이 오랫동안 일반적 승인이 과학적 증거에 대하여 확립되도록 허용을 결정하였다. 다시 말하면, 미국의 전문가 증언은 일반적으로 승인이 확립된 과학적 기술에만 허용이 되었다는 의미이다.[175] 그러다가 지난 1993년 미국연방대원에서 다우버트와 머럴 다우 제약 회사의 소송에서 과거 프라이(Frye) 기준 대신 '신뢰성 기준'이 나오게 되

170) 이승현, "미국의 법 영역에서 문제되는 인과관계와 역학적 인과관계의 관계에 대한 고찰", 법학연구 제21권 제3호, 인하대 법학연구소, 2018, 323면.

171) 김덕기, 앞의 논문, 281면.

172) 이승현, 앞의 논문, 324면.

173) herausgegeben von Frank Wenzel, 앞의 책, 717면.

174) 강성수, "전문가 감정 및 전문심리위원 제도의 개선 방안에 관한 연구", 사법정책연구원, 사법정책연구원 연구총서, 2016, 88면.

175) 김덕기, 앞의 논문, 283면.

는 계기가 되었다.[176] 이 소송에서 사건은 여성들이 임신 중에 오심 방지 약물인 벤덱틴을 복용하고 나서 기형아가 출산되면서 그 약물을 만든 머렐 다우 회사 측을 상대로 소송을 제기한 사건이다. 그래서 벤덱틴 약물 연구의 전문가가 동원되어 동물 실험을 하였고, 기형아가 발생되는 원인을 밝혀내지만, 과거의 프라이 기준에 터 잡혀 역학적으로 사실적 인과관계 인정이 되지 않았다. 그 이후 다우버트는 상소를 하였고, 미국연방대법원은 과학적 증거에 대한 허용 기준이 필요하다고 판단되어 이 계기로 다우버트 기준이 생겼다.[177]

다. 미국의 전문가 증언의 증거 인정 기준

미국은 현재 대부분의 주가 프라이 기준이 아닌 다우버트 기준으로 보고 있다.[178] 그래서 다우버트 기준에서 인정 기준으로 살펴보고자 한다.

첫째는 전문가가 주장하는 이론이나 기술이 과학적으로 검증되었는가 또는 검증이 가능한가, 둘째는 전문가가 제공하는 이론이나 기술이 해당 학계의 동료 학자들에 의해 심사되고 출판되었는가, 셋째는 전문가가 제공하는 이론이나 기술에 관련된 과학적 검증이나 실험이 있다면 잠재적인 오차율은 얼마나 되는가, 넷째는 프라이 기준과 마찬가지로 전문가가 제공하는 전문적 이론이나 기술이 해당 학계에서 일반적으로 승인되는가이다.[179] 과거 1993년 다우버트 판결 이후 2000년도에는 충분한 자료에 근거한 증언이어야 하고, 신빙성이 있는 근거에서 결론이 나온 것이어야 전문가 증언이 인정된다고 한다.[180] 다시 말하면, 지식과 기술, 경험, 훈련이나 교육에 의한 전문가 자격이 있는

---

176) Daubert v. Merrell Dow Pharmaceuticals, Inc., 509 U.S. 579 (1993).

177) 송혜정, "과학`적 증거에 대한 법원의 판단기준", 재판자료: 형사법 실무연구 제123집, 2012, 725면.

178) Eggen, 「Toxic Torts in a Nutshell (Nutshell Series)」, WEST 3rd Edition, September 9, 2005, 286면.

179) 김덕기, 앞의 논문, 285면.

180) 이창현, "유독물질 노출로 인한 불법행위 책임에 대한 소고", 사법 제1권 제43호, 사법발전재단, 2018, 168면.

증인이 의견이나 다른 형태로 증언할 수 있다. 전문가는 과학적 기술적 또는 특화된 지식을 갖고 있으며, 그 지식은 당사자가 증명을 지원하고, 전문가는 위의 소임을 수행할 수 있는 적임자 이어야 한다.[181] 이 제도는 현재 우리나라의 감염병 입증 문제뿐만이 아니라 통상적인 의료분쟁에서도 고도의 의학적 지식과 기술을 다 이해할 수 없는 환자의 입장에서는 꼭 필요한 제도라 본다. 따라서 우리나라는 감염병 분야 민사소송상에서 미국처럼 소송 당사자가 동등한 입장에서 보건 및 의료 전문가의 도움으로 피해자의 입증 책임 부담을 덜어 주면서 법률요건분류설로 입증 분배를 하는 것이 공평의 이념에 부합된다고 본다.

제3절 민사법적 손해배상 범위와 소멸시효

Ⅰ. 손해배상 범위에서 보호 법익

1. 감염방지의무 위반자의 신체적 침해

민법상 불법행위책임 손해배상 청구 소송에서는 감염방지의무 위반으로 개인의 재산적 법익이 침해되는 경우를 상정하기는 어려우나, 일단 감염방지의무 위반자에 대한 신체적 인격법익이 침해된 경우에 발생할 진료비용에 대한 법익침해를 기초로 구제화된 손해이다.[182] 신체적 인격법익 보호 의무를 위반한 경우에 그 의무 위반인 행위가 인정되어도 그것이 신체적 법익 침해의 필요조건임이 증명되어야 비로소 행위·손해·조건관계로 구성되는 가해행위 요건이 구비되는 것이다. 그런데 감염방지의무 위반의 사안에서 이 조건적 인과관계의 증명은 쉬운 일이 아니다. 그 이유 가운데 하나는 호흡기 질

181) 김덕기, 앞의 논문, 286-287면.
182) 김천수, "감염방지의무와 민사책임", 26면.

환인 감염병의 경우 단순한 접촉만으로도 조건이 구비될 수 있다는 점이다. 감염으로 침해된 신체적 법익의 주체는 의무위반자인 전염가능자 또는 전염가능자가 아니지만 전염가능자를 매개 시킨 의무위반자에게 손해배상을 청구할 수 있다. 그런데 접촉 시점에서 병원체보유자라고 하여도 전파가능한 정도로 그 병원체를 보유하지 않은 사람은 전염가능자의 개념 범위에서 제외된다. 현재 전파가 가능한 정도의 병원체를 보유하고 있음이 증명되어도 과거의 그 접촉 시점에 전파가 가능한 정도로 병원체를 보유하였음을 증명해야 비로소 그 사람은 전염가능자로 인정된다. 접촉한 사람이 당시 전염가능자라는 사실을 증명하는 것은 통상의 신체침해 사안에서 가해자를 특정하는 것보다 어려운데, 접촉자가 다수인 경우가 보통인 감염방지의무 위반의 사안에서 자신의 피해에 필요조건이 되는 행위를 한 자, 즉 전염가능자를 특정하기가 특히 더 어렵다는 점이 감염방지의무 위반 사안의 특징이다.[183] 한편, 감염병예방법인 행정 규제상에서 손실보상청구소송에서는 감염병 피해자의 비용을 감염병예방법에 의해서 국가에서 부담하고 있지만, 피해자가 직접 부담한다고 하여도 신체적·정신적 인격법익 침해에 대한 손해배상이지, 재산적 법익의 침해에 대한 손해배상이 아니다. 감염병예방법은 국가 등이 감염병으로 인하여 재정을 지출하는 근거 규정을 두고 있다. 감염병예방법 제6조를 보면 감염병으로 격리 및 치료 등을 받은 국민은 이로 인한 피해를 보상받을 수 있으며, 국민은 의료기관에서 감염병에 대한 진단 및 치료를 받을 권리가 있고, 국가 등은 이에 소요되는 비용을 부담하여야 한다. 한편 동법 제41조의2에 따라 입원 또는 격리기간 동안 유급휴가를 준 사업주에게 국가는 그 비용을 지원할 수 있다. 이것은 의무조항이 아니므로 침해라고 볼 것인지 모호하다. 하지만 방역을 위해 국가 등이 유급휴가를 명하는 조치를 취할 수밖에 없는 경우에는 역시 침해로 볼 수 있다. 기타 동법 제64조 내지 제68조에서 국가 등이 부담하거나 보조하여야 하는 경비나 방역비용 등에 대한 규정들이 있다. 또는 제70조 이하에 따라 보건복지부 장관이나 질병관리청장 등은 일정한 절차에 따라 각종 손실을 보상해야 하며, 의료인 등에 대한 재정적 지원을 할 수 있고, 감염병

183) 김천수, "감염방지의무와 민사책임", 24-25면.

환자등에 생활 기타 재정 지원을 할 수 있거나 해야 한다. 감염방지의무 위반자의 위반행위와 국가 등의 부담 사이에 조건적 인과관계가 인정될 것이다. 국가 등의 재정 지출로 침해된 재산적 법익은 감염방지의무 규정의 보호 법익에 포함된다고 보아야 한다. 이러한 침해와 감염방지의무 위반 사이에 조건적 인과관계가 인정된다. 위 국가 등 재정 부담 근거 규정 가운데 "할 수 있다"는 문구로 되어 있는 조항이 있다. 이러한 규정에 기초하여 국가 등이 재정 지출을 임의적으로 한 경우에, 그러한 재정 지출과 위반행위 사이에 조건적 인과관계가 되는 것에 의문이 있을 수 있다. 그 재정지출을 결정한 동기나 감염병 확산으로 인한 여러 상황 등을 고려하여 그 지출결정이 사실상 불가피하였다고 판단되면 조건적 인과관계는 유지되는 것으로 보아야 할 것이다. 다만, 조건적 인과관계를 단절하는 '중간 사건'은 결과에 대하여 일응 인정되는 조건의 원인력을 배제할 정도의 영향력이 있는 것이어야 하는데, 재정지출 결정권자의 결단을 그러한 고의나 중과실에 의한 또 다른 가해행위와 같은 '중간 사건'으로 볼 것은 아니다.[184]

2. 감염방지의무 위반자의 정신적 침해

감염방지의무 위반으로 인하여 타인의 신체가 격리되거나 타인의 영업장소가 폐쇄되는 결과를 가져올 수 있다. 만약 이러한 결과를 초래할 수 있는 의무라면, 그 보호범위에는 타인의 '신체적 자유' 및 '영업의 자유'라는 정신적 인격법익이 포함된다. 그리고 피해자가 그 행위자로부터 감염병이 전염되지 않아서 신체침해를 당하지 않았더라도, 그 행위자로 말미암아 자신이 격리되거나 그 영업장소가 폐쇄됨으로써, 정신적 인격법익이 침해되었다면 역시 가해행위라는 요건은 구비된다. 감염되었을 가능성으로 인하여 격리조치를 받은 피해자가 진단 결과 감염병병원체가 없다는 사실이 밝혀진 경우에도 그와 접촉한 의무위반자가 면책되는 것은 아니다. 이러한 경우 그 특정된 위반자가 전염가능자가 아니어도 무방하다. 그의 위반이 피해자의 격리나 영업장 폐쇄를 초래하였다면 그것으로 충분하다. 유의할 것은 격리나 영업장소 폐쇄로 인한 소득의 상실이라는

---

184) 김천수, "감염방지의무와 민사책임", 26-27면.

재산상 손해는 가해행위에서 말하는 손해로서의 법익침해가 아니다. 이들 소득상실은 그 법익침해에서 파생하는 손해로서 이들을 배상범위에 넣을 것인지 여부는 민법 제393조를 중심으로 하는 법위론에서 언급되어야 한다. 감염병환자의 동선으로 공개되어 방역을 마친 뒤의 매출감소나 격리 해제 이후 겪을 수 있는 주변의 기피 등 사회적 상실도 마찬가지로 가해행위의 법익침해가 아니라 그 후속손해이다.[185)]

Ⅱ. 손해배상 범위 산정론

불법행위로 인한 손해배상 범위에서는 일단 피해자에게 손해가 발생해야 상당인과관계가 인정되어 가해자에게 손해배상 청구권을 행사할 수 있다. 그래서 민사소송상으로는 통상적인 감염방지의무 위반자에게 소를 제기할 수 있다. 그와 반면에 피해자가 무증상인 채로 감염되었다가 완치되었어도 나중에 후유증으로 후속손해가 발생할 수도 있다. 따라서 본 부분에서는 통상적인 감염 피해와 무증상인 채로 감염되었다가 후속손해로 나누어 검토하고자 한다.

1. 통상적인 감염방지의무 위반자

일단 손해배상 범위론에서 우리 민법 제393조는 계속적인 손해배상 책임 인정을 제한하는 것으로써, 현재 다수설과 판례인 상당인과관계설에 의한 경험칙에 의존하는 상당성보다는 행위규범설을 보완한 상당인과관계로 접근하는 것이 중요하다.

현재 우리나라 손해배상에 대한 민법 규정은 독일의 규정을 계수하였기 때문에 모든 분야의 손해배상 범위론에서 통상손해와 특별손해에서 범위를 결정하고 있다. 특히 감염병 피해자 사례의 경우에만 영미법의 근접원인론을 적용하는 것은 손해배상 범위론의 일관성이 없고, 특별손해 부분에서 충분히 손해배상 범위를 합리적으로 접근할 수 있다

185) 김천수, “감염방지의무와 민사책임”, 26면.

고 본다. 기존의 손해배상 범위론으로 적용하였을 경우 피해자의 과실이 쉽게 인정될 수 있는 감염방지의무 위반 사안에서 그로 인한 손해배상책임은 대부분의 경우 책임제한 사유가 인정될 것이다. 책임제한 사유로서 피해자의 과실은 자신의 법익이 침해될 가능성에 대한 예견 및 회피 가능성을 기본적인 전제로 하겠지만, 그 가능성은 가해자의 과실 인정에서와 같이 평균인을 기준으로 하지 않고, 그보다 아주 낮은 기준을 설정되기 때문에 더욱 그러하다. 예컨대, 마스크 착용과 사회적 거리두기 지침을 위반한 사례를 보아도 이미 자주 공지사실이 있었고, 해당 공간에 함께 있는 타인의 법익침해를 예견하고 회피할 수 있었다는 점에서 과실이 인정되어 그 가해행위에는 유책성 요건이 구비될 것이다. 그와 반면에 피해자가 마스크 착용을 하지 않은 상황에서 감염이 이루어졌다면 그 것에 대한 책임제한 사유가 고려될 수 있다. 이 부분에 대해서는 법관의 제한적 재량에서 감액될 것이다. 여기서 제한적 재량은 막연히 추정하여 감액되는 것이 아니고 가해자의 손해의 발생 및 확대에 대한 피해자의 기여 사실을 증명해야 하고, 배상액 감경의 정도를 손해배상 청구할 피해자가 증명하는 사실을 기초로 하되 경험칙에 의하여 법관이 적절하게 손해배상 범위를 정한다는 의미이다.[186]

2. 예외적인 감염방지의무 경과실 위반자

피해자가 타인의 감염방지의무 위반으로 전염되었지만 무증상인 채로 완치된 경우에도 침해된 법익이 있을 수 있다. 피해자가 감염의 후유증을 앓는 경우 신체적 침해가 인정될 것이며, 그 후속손해로서 진료비용 및 소득상실 등의 구체적 손해가 발생할 수 있고, 전염가능자와의 접촉이 확인되면 자가나 시설의 격리 조치 등을 받을 것이며, 그로 인한 거주이전 내지 영업의 자유라는 정신적 인격법익이 침해되고, 그로부터 재산상 손해와 정신상 손해가 파생하며 나아가서 일정기간 기피 당하는 등, 사회적 손실에 따른 정신상 손해도 예상된다. 병원체의 숙주가 되고 있다는 점에서 신체적 인격 법익의 침해도 고려할 수 있지만, 이 법익침해로 파생된 재산상 손해는 거의 없을 것이다. 이

186) 김천수, "감염방지의무와 민사책임", 36-37면.

들 법익 침해로 인한 재산상 손해 가운데 배상범위에는 국가 등으로부터 보전 받지 못한 부분만 포함될 것이다.[187] 이와 관련하여 경과실을 범한 자는 민법 제765조 규정에 의해 배상액을 감경하는 청구를 할 수 있고, 또한 실화책임에 관한 법률의 예와 같은 입법도 있다. 실화책임법(실화책임법 제3조)에서는 경과실의 배상의무자가 손해배상액의 감경을 청구하는 경우, 법원이 화재의 원인과 규모, 피해의 대상과 정도, 연소 및 피해 확대의 원인, 피해 확대를 방지하기 위한 실화자의 노력, 배상의무자 및 피해자의 경제 상태, 그 밖의 사정을 고려하여 배상액을 감경할 수 있도록 하고 있다.

따라서 감염병 사태의 경우도 전파 모습을 공간적으로 볼 때 목조건물 실화의 연소 모습에 비하여 더 심각할 수 있고, 그 피해 규모도 그러하다는 점을 고려하여, 감염병 예방법도 경과실의 배상의무자가 감경을 청구할 수 있는 규정을 신설하는 것도 좋은 방법이다.[188]

Ⅲ. 감염병에 대한 민사책임에서 소멸시효

1. 감염병에 대한 소송에서 소멸시효 기산점의 중요성

원래 불법행위로 인한 손해배상청구권의 소멸시효 중 10년의 장기 소멸시효는 3년의 단기 소멸시효의 기산점 및 장기간 경과 후의 손해배상청구권의 부존재에 대한 입증의 곤란으로부터 손해배상청구의 상대방을 구제하기 위한 제도이다. 물론 그 법적 성질에 대해서는 소멸시효인지 제척기간인지에 대한 견해가 대립되고 있지만, 우리나라는 일본처럼 제척기간은 아니고 소멸시효가 맞다. 만약 그 법적 성질이 제척기간이라 한다면 소멸시효처럼 중단이나 정지는 인정되지 않으므로, 제척기간 내에 권리자의 권리의 주장 또는 의무자의 승인이 있더라도 기간은 갱신되지 않는다.[189]

---

187) 김천수, “감염방지의무와 민사책임”, 35면.
188) 김천수, “감염방지의무와 민사책임”, 38면.
189) 백경희, “의료사고 민사책임과 소멸시효”, 126면.

감염병에 대한 소송에서는 의료과실과 제조물책임, 공해오염, 반도체 종사자 백혈병 및 암 등의 사례처럼 처음에 피해가 명확하게 발생하지 않고, 나중에 피해 증상이 나타나는 것이 특징이다. 특히 감염병은 바이러스 감염 피해만 보아도 코로나바이러스 감염의 잠복기가 14일이라면 에이즈 감염은 평균 잠복기가 10년 정도 되는데 20년이 지나서야 나타나는 경우도 있다. 그런데 감염병 감염을 포함한 의료과실과 제조물책임, 공해오염, 반도체 종사자 백혈병 및 암 등은 민사소송 시 불법행위 법리의 구조로 소송을 한다는 것이다. 그래서 만약에 불법행위의 소멸시효가 10년이라서 감염병 감염 증상이 10년 후에 나타난다면, 감염병 피해자는 소멸시효가 완성이 되어 불법행위 책임으로 소를 제기하지 못한다는 결론이 나온다. 이러한 문제점은 입증부터 곤란한 입장인 피해자에게 더 불리한 입장이 되어버린다. 한편 과거에 법무부 민법개정위원회에서 시효 및 제척기간에 관한 민법개정시안을 발표하였다. 개정시안 중에 일반소멸시효기간을 10년에서 5년으로 단축하였고, 기산점도 채권자의 인식을 기준으로 하는 주관적 체제를 도입하였으며, 10년의 최장기간 규정을 신설하였다. 현재의 급변하는 사회, 경제적 관점에서 소멸시효기간을 단축할 필요성은 있지만, 급격한 시효기간의 단축은 오히려 법적 혼란을 야기할 역기능성이 발생할 수 있고, 채권자가 권리를 행사할 수 있다는 것을 전혀 인식하지 못한 상태에서 소멸시효가 완성되는 것을 막을 필요가 있었다는 것이 이유이다. 이렇게 주관적 기산점을 도입함으로써 일반소멸시효기간을 10년에서 5년으로 단축함으로서 발생할 수 있는 채권자의 보호 소홀이라는 문제점도 보완할 수 있게 되었다. 그러나 주관적 기산점을 채택하게 될 경우 채권자가 인식하지 못한 때에는 시효기간이 무한정으로 늘어나게 되어 부당하게 되므로 이러한 부당함을 방지하기 위해 채권자의 인식과는 무관하게 권리를 행사할 수 있는 때로부터 10년이 경과하면 소멸시효가 완성하는 것으로 하였다. 그리고 제2항에서는 10년의 기간으로는 환경오염으로 인한 건강침해 사건이나 직업병 사건 등 장기간 잠복하여 있다가 발생하는 유형의 사고 피해자들을 구제하기에 부족하고, 사기나 강박상태가 10년 이상 계속된 경우에 뒤늦게 상기나 강박상태로부터 벗어나게 된다면, 이때에는 피해자가 손해배상을 청구할 수 없다는 이유에서 20년으로 연장하였다.[190] 이렇게 우리 민법전이 소멸시효기간을 단기화 및 단순화하는 방향으로 가고 있는 상황에서 감염병 감염 피해로부터 손해배상청구권의 소멸시효 기산점은 피해자의 보호를 위해서는 더욱 중요하다 볼 수 있다.

2. 감염병 잠복기간을 고려한 소멸시효 기산점

감염병 잠복기간을 고려한 소멸시효 기산점은 피해자의 불리한 입장을 고려한 판례를 보면, “특별한 다른 사정이 없는 한 원칙적으로 보험금액청구권의 소멸시효는 보험사고가 발생한 때로부터 진행한다고 해석해야 할 것이고, 다만 보험사고가 발생한 것인지의 여부가 객관적으로 분명하지 아니하여 보험금청구권자가 과실 없이 보험사고의 발생을 알 수 없었던 경우에도 보험사고가 발생한 때로부터 보험금청구권의 소멸시효가 진행한다고 해석하는 것은, 보험금청구권자에게 너무 가혹하여 사회정의와 형평의 이념에 반할 뿐만 아니라 소멸시효제도의 존재이유에 부합된다고 볼 수도 없으므로, 이와 같이 객관적으로 보아 보험사고가 발생한 사실을 확인할 수 없는 사정이 있는 경우에는, 보험금청구권자가 보험사고의 발생을 알았거나 알 수 있었던 때로부터 보험금액청구권의 소멸시효가 진행한다고 해석할 것이다”[191]라고 판시하여 소멸시효 기산점을 피해자의 주관적 관점에서 ‘발생을 알았거나 알 수 있었던 때’부터 기산점이 시작된다고 보고 있다.

의료과실과 관련하여서는 의료분쟁 소송에서 진료비 채무불이행에 대한 소송[192] 외에는 환자가 의사에게 채무불이행 책임이나 불법행위 책임으로 소를 제기하는 경우가 많다. 채무불이행 책임의 경우에는 그 책임이 발생한 시점부터 10년이 소멸시효이고(민법 제162조), 불법행위 책임의 경우에도 10년의 소멸시효가 있는데, 민법 제766조에서 불법행위로 인한 손해배상 청구권은 그 손해 및 가해자를 안 날로부터 3년간 행사하지

---

190) 김성욱, “일본의 소멸시효제도에 관한 민사법적 고찰”, 법학연구 제48권, 한국법학회, 2012, 130-131면.

191) 대법원 2001. 4. 27. 선고 2000다31168 판결.

192) 대법원 2016. 1. 28. 선고 2015다9769 판결; 宮崎地方裁判所 平成28年 1月 13日 平成21年(ワ)第441号 平成21年(ワ)第760号 判決.

않으면 소멸시효가 완성된다는 명시적 규정이 있다.

환자가 의료분쟁으로 의사에게 소를 제기하는 이유에는 대표적으로 의사의 주의의무 위반과 설명의무 위반이 있을 것이다. 현재 우리나라는 의사의 주된 의무를 수단적 채무설을 취하면서,[193] 의사의 주의의무 위반은 일본[194]과 중국[195]처럼 고도의 주의의무 위반으로 보고 있고, 설명의무 위반은 일본의 경우에는 의사의 주의의무 위반보다 낮은 수준으로 보고 있지만,[196] 우리나라의 경우에는 의사의 주의의무 위반과 동일시할 정도[197]로 보고 있다.[198] 그런데 채무불이행이든 불법행위이든, 의사의 주의의무 위반으로든 설명의무 위반으로든 간에 판례에서는 불법행위 책임 구조로 설명하는 경향이 있어서 환자가 불법행위가 있던 날이 10년이 지났어도 손해 및 가해자를 안 날로부터 3년이 경과되지 않으면 손해배상 청구권의 소멸시효는 완성되지 않는다. 그리고 소멸시효 기산점에서는 의료분쟁으로 소를 제기하면 주로 불법행위 책임 구조로 적용하기 때문에, 소멸시효의 기산점은 불법행위에 대한 소멸시효 규정이 적용되어 손해 및 가해자를 안 날로부터 3년이고, 불법행위를 한 날로부터 10년이다. 그런데 불법행위를 한 날로부터는 10년인데, 손해 및 가해자를 안 날로부터 3년이라면, 불법행위를 한 날로부터 10년이 지나도 소멸시효가 완성되지 않을 가능성도 있다는 해석이 된다. 이와 관련하여

---

193) 독일도 우리나라처럼 피부미용 및 성형수술을 포함한 모든 의사의 진료의무는 수단적 채무로 보고 있다(Erwin Deutsch, Andreas Spickhoff, 앞의 책, 102-103면).

194) 神戸地方裁判所 平成27年 1月20日 平成25年(ワ)第125号 判決.

195) 曾淑瑜, 「醫療過失與因果關係(上)」, 臺灣: 翰蘆, 1998, 123면.

196) 東京地方裁判所 平成24年 7月26日 平成21年(ワ)第33796号 判決.

197) 대법원 2007. 5. 31. 선고 2005다5867 판결; 대법원 2002. 10. 25. 선고 2002다48443 판결; 대법원 1995. 2. 10. 선고 93다52402 판결.

198) 오스트리아에서도 환자에게 치료의 목표를 위태롭지 않게 행동 규칙을 고려해야 한다는 위험 설명 의무도 포함되어 있고(herausgegeben von Frank Wenzel, 앞의 책, 1603면), 독일에서는 경제적 이익에 대해서도 설명할 의무가 있는데 앞으로 진료 및 치료를 함에 있어 진료비가 얼마가 나오는데 추가로 입원 치료까지 할 경우에는 얼마가 발생할 수 있으며, 만약 치료가 생각보다 잘 되지 않을 경우에 추가로 얼마 정도 발생할 수 있다는 비용 위험 설명까지 포함되어 있다(Erwin Deutsch, Andreas Spickhoff, 앞의 책, 102-103면).

의료분쟁 판례의 동향을 살펴보면, “과거 어느 병원에서 환자가 1988년도에 충수돌기염으로 수술을 받고, 평소에 복부 통증과 이물감이 있어서 2002년도에 어느 의원으로 가서 초음파 검사를 받았는데 이물질이 있다는 소견을 듣고, 2003년도에 어느 대학병원으로 입원하여 종양 제거 수술을 받다가 거즈로 추정되는 이물질을 발견해서 그 이물질의 원인으로 복부 통증이 있다는 것을 알게 되었다. 그래서 처음 충수돌기 절제술을 받은 병원을 상대로 불법행위 손해배상 청구 소송을 제기하였는데 병원 측은 이미 불법행위를 한 날로부터 10년이 지났기 때문에 소멸시효의 완성을 주장하였다. 그러나 판사는 의료분쟁에 경우는 특수성이 있어서 ‘권리를 행사할 수 있을 때란 구체적으로 손해가 발생된 때로 보아야 한다며, 환자의 복부 통증이 2003년도에 어느 대학병원에서 종양 제거 수술 중에 발견된 거즈가 발견된 시점, 즉, 과거에 거즈를 그대로 두고 봉합한 이유 때문에 복부 통증이 있었다는 시점부터 소멸시효 기산점으로 파악해야 한다”[199]라고 보았다.

다른 감염병 관련 판례에서도 “감염의 잠복기가 길거나 감염 당시에는 장차 병이 어느 단계까지 진행될 것인지 예측하기 어려운 경우, 불법행위에 기한 손해배상 청구권의 소멸시효 기산을 감염으로 인한 증상이 발현되거나, 병이 진행된 시점에 현실적으로 발생하였을 때부터 기산점을 둔다”[200]라고 보았다. 특히 에이즈의 경우에는 잠복기가 10년 정도로 길기 때문에 불법행위를 한 날로부터 충분히 소멸시효 기간이 지나기 때문에 이러한 사례에서도 현실적으로 발생한 날로부터 3년을 적용하는 것은 합리적인 해석으로 본다. 사실 감염병의 경우에는 피해자가 일반인을 포함한 환자들뿐만이 아니라 의사도 피해자가 될 수 있고, 의사라 하여도 감염병 조사 전문가인 역학조사관의 도움 없이는 의사도 그 원인과 인과관계를 밝히기는 대단히 어렵다.

따라서 소멸시효 기산점과 관련하여 피해자의 범위에는 일반인 외에도 환자와 의사를 포함하여 피해자의 주관적 인식가능성을 기준으로 기산점을 해석하는 것이 타당하다고 본다.

199) 대법원 2006. 2. 23. 선고 2005다67193 판결.
200) 대법원 2011. 9. 29. 선고 2008다16776 판결.

제4장

감염병 피해자 구제강화

제1절 감염병예방법상 보호방안

Ⅰ. 가해자의 인과관계 범위 설정

1. 인격적 법익침해 관점

가. 신체적 인격법익 침해

신체적 인격법익 침해의 경우 신체적 인격법익 보호 의무를 위반하면 그 의무 위반행위가 인정되어도, 그것이 신체적 법익 침해의 필요조건임이 증명되어야 비로소 행위·손해·조건관계로 구성되는 가해행위 요건이 구비되는 것이다. 그런데 감염방지의무 위반의 사안에서 이 조건적 인과관계의 증명은 쉬운 일이 아니다. 그 이유 가운데 하나는 호흡기 질환인 감염병의 경우 단순한 접촉만으로도 조건이 구비될 수 있다는 점이다. 감염으로 침해된 신체적 법익의 주체는 의무위반자인 전염가능자 또는 전염가능자가 아니지만, 전염가능자를 매개 시킨 의무위반자에게 손해배상을 청구할 수 있다. 감염병으로 말미암아 상해나 사망 등 신체적 인격법익이 침해된 사람은 타인으로부터 감염병의 병원체나 전염되었을 가능성이 매우 높다. 즉 대개 전염가능자와의 접촉이 피해의 필요조건이 된다. 해당 병원체의 보유 정도가 일정한 단계에 이르러야 비로소 전파가능성이 인정되는 감염병인 경우라면, 접촉 시점에 병원체보유자라고 하여도 전파가능한 정도로 그 병원체를 보유하지 않은 사람은 전염가능자의 개념 범위에서 제외된다. 현재 전파가 가능한 정도의 병원체를 보유하고 있음이 증명되어도, 과거의 그 접촉 시점에 전파가 가능한 정도로 병원체를 보유하였음을 증명해야, 비로소 그 사람은 전염가능자로 인정된다. 접촉한 사람이 당시 전염가능자라는 사실을 증명하는 것은 통상의 신체침해 사안에서 가해자를 특정하는 것보다 어려운데, 접촉자가 다수인 경우가 보통인 감염방지의무 위반의 사안에서 자신의 피해에 필요조건이 되는 행위를 한 자, 즉 감염가능자를 특정하기가 특히 더 어렵다는 점이 감염방지의무 위반 사안의 특징이다. 전염가능자라고 하여도 가해행위의 행위자가 아닌 경우도 있다. 사회생활상 의무로서의 그것을 포함하여 감염방지의무를 위반하지 않은 전염가능자라면 그는 매개자일 뿐 행위자가 아님은 물론이다. 감염방지의무 위반에 따른 손해배상책임에서는 그 의무를 위반한 사람만이 가해자가 될 수 있기 때문이다.

특정된 전염가능자가 감염방지의무 위반에 해당하는 행위를 한 경우, 그 자신이 피해와 조건적 인과관계에 있는 행위의 주체 즉 행위자가 되고 그 가해행위에 유책성이나 위법성의 요건이 충족되는 경우 피해자는 그 전염가능자인 행위자에게 자신의 피해를 전가할 수 있게 된다. 피해자가 피해를 타인에게 전가하기 위해서 감염방지의무의 위반자가 모두 위 전염가능자이어야 하는 것은 아니다. 가령 전술한 신고의무가 타인의 신체적 인격법익을 보호하는 것으로 평가되는 경우라고 하여도 신고의무자인 세대주 등 그 위반자는 전염가능자가 아닌 경우가 많다. 하지만 이러한 경우에 신고의무 위반이 전염가능자를 매개로 하여 피해자의 법익침해에 대한 필요조건임이 인정되면, 그 신고의무 위반자는 전염가능자가 아니어도 감염방지의무 위반으로 인한 손해배상책임에서 행위자가 되는 것이다. 감염병 전파의 가능성 내지 위험을 방지하기 위하여 전염가능자가 아닌 사람에게도 감염병예방법이 의무를 부과함은 전술한 바와 같다. 그러한 공법상 의무를 위반한 사람은 전염가능자가 아니지만, 피해자가 전염가능자와 접촉하여 법익의 침해를 당함에 필요조건이 되는 신고의무 위반만으로도 가해행위의 행위자가 될 수 있는 것이다. 이러한 경우는 신고대상인 전염가능자를 매개로 하여 신고의무위반이 법익침해의 필요조건이 되는 것이다. 즉 신고의무위반이라는 행위와 법익침해 사이에는 조건적 인과관계가 인정될 수 있지만, 그 매개자의 형태에 따라 인과관계 단절의 법리가 적용될 수 있다.[201)]

나. 정신적 인격법익 침해

감염방지의무 위반으로 인하여 타인의 신체가 격리되거나 타인의 영업장소가 폐쇄되는 결과를 가져올 수 있다. 이러한 결과를 초래할 수 있는 의무라면, 그 보호범위에는

201) 김천수, “감염방지의무와 민사책임”, 24-25면.

타인의 신체적 자유 및 영업의 자유라는 정신적 인격법익이 포함된다. 이러한 경우 피해자가 그 행위자로부터 감염병이 전염되지 않아서 신체침해를 당하지 않았더라도, 그 행위자로 말미암아 자신이 격리되거나 그 영업장소가 폐쇄됨으로써, 정신적 인격법익이 침해되었다면 역시 가해행위라는 요건은 구비된다. 감염되었을 가능성으로 인하여 격리조치를 받은 피해자가 진단 결과 감염병 병원체가 없다는 사실이 밝혀진 경우에도, 그와 접촉한 의무위반자가 면책되는 것은 아니다. 이러한 경우 그 특정된 위반자가 전염가능자가 아니어도 무방하다. 그의 위반이 피해자의 격리나 영업장 폐쇄를 초래하였다면 그것으로 충분하다. 유의할 것은 격리나 영업장소 폐쇄로 인한 소독의 상실이라는 재산상 손해는 가해행위에서 말하는 손해로서의 법익침해가 아니다. 이들 소득상실은 그 법익침해에서 파행하는 손해로서 이들을 배상범위에 넣을 것인지 여부는 민법 제393조를 중심으로 하는 범위론에서 언급되어야 한다. 감염병환자의 동선으로 공개되어 방역을 마친 뒤의 매출감소나 격리 해제 이후 겪을 수 있는 주변의 기피 등 사회적 상실도 마찬가지로 가해행위의 법익침해가 아니라 그 후속손해이다. [202]

2. 재산적 법익침해 관점

감염방지의무 위반으로 개인의 재산적 법익이 침해되는 경우를 상정하기는 어렵다. 전술한 신체침해나 정신침해로 인한 손실의 일부만이 국가 등의 재정에 의하여 충당된 경우, 그 잔여손실 부분은 역시 신체적 또는 정신적 인격법익 침해의 후속손해로서 범위론에서 논의될 대상이지, 가해행위의 법익인 재산적 법익의 침해가 아님에 유의해야 한다. 감염방지의무 위반자에 의한 전염으로 감염병환자가 되어서, 그 신체적 인격법익이 침해된 경우에 발생할 진료비용은 그 법익 침해를 기초로 구체화된 손해이다. 그런데 그 비용을 감염병예방법은 바로 아래에서 상술하는 바와 같이 국가 등이 부담하도록 규정하고 있다. 따라서 진료비용 등을 개인 피해자가 직접 부담한다고 하여도, 감염방지의무 규정의 보호법익에 포함될 피해자의 법익은 신체적·정신적 인격법익이지 재산적

202) 김천수, “감염방지의무와 민사책임”, 26면.

법익이 아니다. 이와 관련하여 감염병예방법에서는 국가 등이 감염병으로 인하여 재정을 지출하는 근거 규정을 두고 있는데, 감염병예방법 제6조에 따라 감염병으로 격리 및 치료 등을 받은 국민은 이로 인한 피해를 보상받을 수 있고, 국민은 의료기관에서 감염병에 대한 진단 및 치료를 받을 권리가 있으며, 국가 등은 이에 소요되는 비용을 부담하여야 한다. 한편 동법 제41조의2에 따라 입원 또는 격리기간 동안 유급휴가를 준 사업주에게 국가는 그 비용을 지원할 수 있다. 이것은 의무조항이 아니므로 침해라고 볼 것인지 모호하다. 하지만 방역을 위해 국가 등 유급휴가를 명하는 조치를 취할 수밖에 없는 경우에는 역시 침해로 볼 수 있다. 기타 동법 제64조 내지 제68조에서 국가 등이 부담하거나 보조하여야 하는 경비나 방역비용 등에 대한 규정들이 있다. 또한 제70조 이하에 따라 보건복지부 장관이나 질병관리청장 등은 일정한 절차에 따라 각종 손실을 보상해야 하며, 의료인 등에 대한 재정적 지원을 할 수 있고, 감염병환자등에 생활 기타 재정 지원을 할 수 있거나 해야 한다. 감염방지의무 위반자의 위반행위와 국가 등의 부담 사이에 조건적 인과관계가 인정될 것이다. 국가 등의 재정 지출로 침해된 재산적 법익은 감염방지의무 규정의 보호법익에 포함된다고 보아야 한다. 이러한 침해와 감염방지의무 위반 사이에 조건적 인과관계가 인정된다.[203)]

Ⅱ. 징벌적 손해배상 도입

1. 징벌적 손해배상 제도 도입 필요성

민법상 불법행위책임으로 손해배상 청구 소송처럼 사인과 사인 간의 관계라면 징벌적 손해배상 제도의 도입을 검토할 필요가 있다.

감염병 가해자가 악의적이거나, 기망이나 계획에 의해서 행해지는 등의 행위에 대한 불법성이 가중적인 정황이 인정되는 경우, 혹은 피해자의 손해가 통상적인 전보배상만

---

203) 김천수, “감염방지의무와 민사책임”, 26-27면.

으로는 충분히 회복되지 않는 경우에, 피해자는 자신이 현실적으로 입은 손해에 대한 배상 외에도, 더 많은 배상을 받을 수도 있는데 이러한 초과적인 배상을 징벌적 손해배상이라고 한다.[204] 그런데 징벌적 손해배상 제도는 우리나라에 통상적인 불법행위 책임에서 손해배상과는 다르다. 왜냐하면, 전보적 손해배상의 범위나 위자료 손해배상의 범위에서 기준과는 다르게, 징벌적 손해배상은 보복이나 응징적인 성격이 강한 손해배상이기 때문이다.[205] 다시 말하면, 징벌적 손해배상은 불법행위에 대한 징벌이라는 측면에서 형법에서 처벌기능의 특징이 가미되어 있음에도 불구하고, 민사절차에 의하여 규율되며 가해자가 국가가 아닌 피해자에게 손해배상금을 지급하고, 또한 가해자가 형벌을 받았더라도 징벌적 손해배상에는 아무런 영향을 미치지 않는다는 점에서 징벌적 손해배상을 징벌적 민사제재라고도 한다.[206] 물론 처벌기능에서는 엄격한 민·형사책임 준별체계를 채택한 대륙법계 국가에서, 반사회적 행위에 대한 처벌은 국가기관에서 다루어지는 형사문제로 인식하여 왔기 때문에, 전통적으로 처벌을 목적으로 불법행위의 피해자에게 실제로 발생한 손해를 넘는 금액을 배상하도록 하는 징벌적 손해배상제도를 민사법 영역에 포섭하기는 어렵다는 견해가 있다.[207] 그러나 과연 현재 우리나라가 감염병 사례에서 감염 관리와 방역 활동을 악의적으로 위반하는 자들에게 처벌기능이 제대로 수행되었는지 생각해보아야 한다. 다시 말하면, 감염병 관리와 방역 활동을 악의적으로 위반하는 자들이 그 위반으로 인해서 불특정 다수인에게 피해를 주는 것에 심각성을 알지 못한다면, 민사상으로도 손해배상 책임에 처벌기능을 가미시켜 경각심을 느껴야 한다고 본다. 한편, 억제기능의 특징에서는 주목할 만하다. 징벌적 손해배상제도를

---

204) 한태일, “징벌적 손해배상제도의 도입에 관한 연구”, 연세대대학원 법학과, 박사학위 논문, 2015, 5면.

205) Madeleine Tolani, U.S. Punitive Damages Before German Courts: A Comparative Analysis with Respect to the Ordre Public, Annual Survey of Int'l & Comp. Law 17, 2011, 187면.

206) 한태일, 앞의 논문, 7면.

207) 최윤효, “징벌적 손해배상제도에 관한 비교법적 연구”, 계명대대학원 법학과, 박사학위 논문, 2018, 73면.

운영하고 있거나, 운용하고자 시도하고 있는 국가에서는 불법행위가 재발하는 것을 예방하고, 사회적 법익을 보호하려는 목적에서 이 제도가 가진 억제기능에는 긍정적으로 판단한다.[208] 이는 감염병 환자가 악의적으로 감염병을 확산시키면, 징벌적 손배배상 책임이 발생한다는 경각심이 생겨 억제기능의 효과도 볼 수 있다는 의미이다. 이 둘의 기능은 과거에 가해자가 악의적으로 피해자에게 감염병을 감염시키게 하여, 불특정 다수인에게 피해를 주게한 행위에 대한 처벌기능의 효과와 장래에 감염병 환자가 악의적으로 감염병을 확산시키지 않게 적극적인 협조 행위를 유도할 수 있는 억제기능의 효과를 기대할 수 있다.

2. 징벌적 손해배상 제도 도입 방법

징벌적 손해배상제도를 도입하려면 민법상 전보적 손해배상제도와 정신적 손해배상과의 관계에서 검토가 필요하다.

현재 우리나라는 손해배상법제를 형상함에 있어서 대륙법계를 계수하여 손해의 공평한 분담이라는 원리를 바탕으로 실손해를 기준으로 하여 이를 전보하는 것을 목적으로 설정하였다. 현실적으로 발생한 구체적 손해를 금전으로 전보하는 것을 원칙으로 하는 것이다. 손해배상이 갖는 제재나 예방 기능에 주목하기보다, 그 배상책임의 근거가 무엇이든 손해배상액이 실손해의 전보를 넘어설 수 없음을 원칙으로 하고, 손해배상액을 산정함에 있어 피침해법익의 유형이나 가해자의 유책성 정도를 고려의 대상으로 삼지도 않는다.[209] 그런데 산업의 발달과 더불어 문제가 되기 시작한 현대형 불법행위는 불특정 다수의 피해자를 양산하거나, 그 피해액을 산정하기가 어렵다는 특징이 있으므로, 금전배상의 원칙과 결합한 전보적 손해배상제도는 현대형 불법행위에 효과적으로 대처할 수 없다는 내재적 한계를 가진다는 점이 지적되어 징벌적 손해배상제도의 도입이 시도

---

208) 최윤효, 앞의 논문, 73면.

209) 장재옥·이은옥, "징벌적 손해배상 개념의 수용가능성", 법학논문집 제39권 제3호, 중앙대 법학연구원, 2015, 106-109면.

되었다.[210] 현재 우리나라 개별 법률에는 피해액이나 손해액의 3배를 넘지 않는 한도 내에서 징벌적 손해배상 제도가 도입되어 있는데, 2011년 3월 하도급거래 공정화에 관한 법률, 2014년 3월 기간제 및 단시간 근로자 보호 등에 관한 법률 및 파견근로자 보호 등에 관한 법률, 2015년 3월 신용정보의 이용 및 보호에 관한 법률, 2015년 7월 개인정보 보호법, 2016년 3월 정보통신망 이용촉진 및 정보보호 등에 관한 법률, 2016년 12월 대리점거래의 공정화에 관한 법률, 2017년 10월 가맹사업거래의 공정화에 관한 법률, 2018년 4월 제조물 책임법, 2018년, 6월 환경보건법 총 10개의 개별법 영역을 차례대로 도입되었다.[211] 이렇게 이미 우리나라에서는 개별 법률에서 영미법계의 징벌적 손해배상제도를 도입하는 추세이기 때문에 현실적으로 도입하는 것은 불가피한 흐름이 되었다.

정신적 손해배상은 그 액수를 산정함에 있어서 피해자의 연령, 직업, 사회적 지위, 재산 및 생활상태, 피해로 입은 고통의 정도, 피해자의 과실 정도 등 피해자 측의 사정 및 가해자의 고의 및 과실의 정도, 가해행위의 동기나 원인, 가해자의 재산상태, 사회적 지위, 연령, 가해행위 이후의 태도 등 가해자 측 사정까지 참작하는 것이 손해의 공평부담이라는 손해배상의 원칙에 부합하는 것이라고 본다.[212] 그런데 이미 우리나라는 판례상 위자료 산정 시 고려해야 하는 사항에서 징벌적 손해배상액과 유사한 법리가 형성되어 있다고 보는 견해가 있다.[213] 그와 반면에 징벌적 손해배상제도를 위자료 산정 시 판례의 법리에 우회적으로 도입할 수 있다는 견해도 있다.[214] 사실 이 두 견해가 겉으로는 달라 보이지만, 이미 판례의 법리에 유사하게 형성되어 있고, 도입하더라도 우회해서 도입하자는 견해인데, 결국은 정신적 손해배상에서는 도입하지 않아도 된다는 의미

210) 최윤효, 앞의 논문, 166면.

211) 최윤효, 앞의 논문, 112면.

212) 최윤효, 앞의 논문, 167면.

213) 이점인, "징벌적 손해배상제도의 도입 필요성과 가능성에 대한 일고찰", 동아법학 제38호, 동아대 법학연구소, 2006, 208면.

214) 김상찬·이충은, "징벌적 손해배상제도의 도입을 위한 비교법적 고찰", 법학연구 제35권, 한국법학회, 2009, 179-180면.

가 된다. 그렇다면 다른 개별 법률처럼 감염병예방법에서 악의의 가해자에게 피해액이나 손해액의 3배를 넘지 않는 한도 내에서 도입한다면 처벌기능과 억제기능의 효과를 얻을 수 있을 것이다. 이미 우리나라가 여러 개별 법률에서 징벌적 손해배상제도를 도입하였기 때문에 감염병예방법에도 명시적 규정을 한다면, 적어도 감염병 가해자의 악의적 행위에 대한 처벌과 억제기능면에서 도입이 불가피한 상황이기 때문에 입법적인 개선이 필요하다고 본다.

Ⅲ. 감염병관리센터 확대 및 활성화

현재 우리나라는 국가가 감염병의 연구·예방, 전문가 양성 및 교육, 환자의 진료 및 치료 등, 음압시설과 격리병상을 갖춘 감염병 병원을 지정하거나 설립할 수 있다(감염병예방법 제8조의2). 그리고 감염병 병원을 보건복지부장관, 시·도지사, 시장·군수·구청장은 보건복지부령으로 정하는 바에 따라 감염병 병원으로 지정해야 한다(동법 제36조). 그런데 과거에 메르스 사태 이후 정부에서는 국립의료원을 감염병전문관리센터로 확장 및 활성화 정책을 내세우려 하고 있다.[215] 그래서 2020년에는 국립중앙의료원을 서초구로 감염병전문관리센터로 확장 이전하려는 시도가 있었지만, 서초구 주민들의 반발로 보류 중에 중구 방산동에 미 공병단 부지로 확장 이전하기로 서울시와 보건복지부는 업무협약 체결을 하였다.[216] 그러나 이번 코로나바이러스19 사태를 겪으면서 보건복지부 산하 의료기관뿐만 아니라, 지자체에서도 감염병관리센터를 설립하고 있는 추세이다. 그 예로 서울시 강남구[217]와 경기도 화성시[218]에 지자체에서 감염병관리센터를 도입하는

---

215) 연합뉴스, 국립중앙의료원 '감염병 콘트롤타워' 지정, 2016. 4. 13.(https://www.yna.co.kr/view/AKR20160412167400017?input=1195m)(2021. 11. 22. 최종방문)

216) 서울NEWS, 17년 표류 '국립의료원' 이전…미 공병단 부지로 추진, 2020. 7. 2.(https://blog.naver.com/120seoulcall/222018779117)(2021. 11. 22. 최종방문)

217) 국민일보, 강남구 전국 지자체 최초로 감염병 관리센터 설립한다, 2020. 6. 4.(http://news.kmib.co.kr/article/view.asp?arcid=0014652943&code=61111311&cp=nv)(2021. 11. 22.

것을 보면 알 수 있다. 만약 다른 지자체에서도 감염병관리센터를 더 많이 신설하면 감염병 위기 시 대응뿐만이 아니라, 감염병 전문 의료인, 역학조사관 등 전문인력을 상시 배치해 해외입국자나 어르신 등 취약계층을 집중 관리할 수 있어서, 평상시에는 결핵, 매독, 에이즈 등 감염병 정보를 통합관리하고 위기 시에는 대량 검사 및 신속 진단을 통해 지역사회 감염을 조기 차단하는 역할을 할 수 있다. 또한 감염병 전문병원 및 질병관리본부 등 방역 당국과의 유기적인 연계와 협력을 통해 통합적 상황관리 및 위기대응체계를 구축할 수 있다.[219] 특히 민법적인 관점에서는 역학조사를 요청(동법 제18조의2) 하였을 때 더 빠른 조치가 이루어질 것이고, 피해자가 손해배상 소송에서 필요한 증거 자료 확보에도 많은 도움이 될 것이다. 그러면서 민사소송에서 보건 및 의료 전문가 증언 도입 시 감염병 사례에서는 감염병관리센터에서도 역학적 인과관계 증명 시 감염병 전문가의 도움을 받을 수 있다.

제2절 의료법상 보호방안

Ⅰ. 행정처분 권한

감염병 전파의 경우 주로 위험한 경로가 의료기관이기 때문에 현재 2018년 10월 1일부터 설립한 종합병원 및 150개 이상의 병상을 갖춘 병원에서는 의무적으로 감염관리위원회를 설치하도록 의무화 하고 있다(의료법 시행규칙 제43조). 그리고 감염관리위

최종방문)

218) 연합뉴스, 화성시, 감염병 대응 컨트롤타워 '감염병관리센터' 신설, 2020. 7. 13.(https://www.yna.co.kr/view/AKR20200713061700061)(2021. 11. 22. 최종방문)

219) 강남내일신문, 전국 지자체 최초 감염병관리센터 설립, 2020. 6. 4.(http://www.ignnews.co.kr/news/articleView.html?idxno=8096)(2011. 11. 22. 최종방문)

원회와 감염관리실을 설치하여 운영하기 위해서는 감염관리 업무를 수행하는 전담인력을 두도록 하고 있다.[220] 만약 이를 위반할 시에는 보건복지부장관 또는 광역자치단체장(시·도지사)은 보건의료정책을 위하여 필요하거나, 국민보건에 중대한 위해가 발생하거나 발생할 우려가 있으면 의료기관이나 의료인에게 필요한 지도와 명령을 할 수 있다(의료법 제59조). 만약 이를 위반할 시 보건복지부장관 또는 기초자치단체장(시장·군수·구청장)은 그 의료업을 1년 범위에서 정지시키거나, 개설 허가의 취소 또는 의료기관을 폐쇄를 명령할 수 있다(동법 제64조). 그런데 이 부분에서 학계에서는 행정처분 권한에서 지적을 하고 있다. 의원급 이하의 의료기관의 개설은 기초자치단체장에 대한 신고로 충분하지만, 병원급 이상의 의료기관 개설에는 광역자치단체장의 허가가 필요하다. 그렇다면 광역자치단체장의 허가를 받아 개설한 병원급 이상의 의료기관에 대한 개설허가의 취소에서 취소 대상인 허가에 관하여, 그 허가권자가 아닌 보건복지부 장관이나 기초자치단체장에게 그 허가 취소의 권한을 주는 것은 입법적인 모순이라는 점이다.[221] 다시 말하면, 개설단계의 권한과 지도 명령 및 제재 단계의 권한이 의료기관의 종류에 따라 통일적으로 규율되도록 의료법 관련 규정들이 개정되어야 한다는 점이다.[222] 그리고 의료법에서 신종감염병의 대응조치로 의료기관의 개설허가를 취소하거나 폐쇄를 명령하는 처분을 내리려면 청문을 실시하여야 하는데(동법 제84조), 이러한 절차가 신종감염병의 전파를 긴급하게 차단하는데 상황에 맞지 않다는 지적도 있다. 앞에서 지적한 부분들은 전부 옳다고 본다. 더 추가로 설명하자면 의료기관의 제한된 사적 자치를 합법적으로 침해하는 이유가 바로 공공의 이익을 위한 처분 권한이라는 점, 감염병을 치료할 수 있는 의료기관에 신중하면서도 신속하게 개설허가 취소나 폐쇄를 명령해야 한다는 점, 환

---

220) 김천수, “중동호흡기증후군 2015년 사태와 관련된 의료법령의 분석과 입법론-의료법 및 감염병의 예방 및 관리에 관한 법률의 쟁점 조항을 중심으로” 대한의료법학회지 제16권 제2호, 대한의료법학회, 2015, 198-199면.

221) 김천수, “중동호흡기증후군 2015년 사태와 관련된 의료법령의 분석과 입법론-의료법 및 감염병의 예방 및 관리에 관한 법률의 쟁점 조항을 중심으로”, 199면.

222) 김천수, “중동호흡기증후군 2015년 사태와 관련된 의료법령의 분석과 입법론-의료법 및 감염병의 예방 및 관리에 관한 법률의 쟁점 조항을 중심으로”, 201면.

자들의 의료기관 선택권마저 합법적으로 제한하는 영향도 있기 때문에 입법적인 모순이 있다면 그냥 두어서는 안 되고, 입법적인 해결로 개정하여야 한다.

Ⅱ. 관할 보건소장 보고 체계

독일의 경우에는 감염병이 발생하면 1차적으로 보건소에서 확인을 진행하고, 이러한 사실 확인이 있는 경우에는 관할관청에 지체 없이 통보하도록 하고 있으며, 관할관청은 다시 관련 사항을 로베르트코흐연구소에 보고하도록 하고 있다. 이러한 보고가 들어오면 로베르트코흐연구소는 역학적 요건을 기준으로 하여 질병사례 또는 사망사례를 평가 및 병원체 등을 확인하여, 관련 사례 정의를 작성하여 다시 관할 보건소로 정보를 전달하도록 하고 있다.[223] 우리나라도 독일처럼 보고 체계가 갖추어져 있는데 감염병 환자를 초진한 의료인(의사, 치과의사, 한의사)은 의료기관의 장에게 보고하고(감염병예방법 제11조), 의료기관의 장은 관할 보건소장에게 신고하고, 그 후는 보건소장이 특별자치도지사 또는 기초자치단체장(시장·군수·구청장)에게 보고하고, 특별자치도지사 또는 기초자치단체장(시장·군수·구청장)은 질병관리청장 및 광역자치단체장(시·도지사)에게 각각 보고하게 되어있다(동법 제13조).[224] 그런데 학계에서는 이 부분에서 보건소장 이후에 보고나 신고하는 절차 단계가 너무 많다는 지적이 있다. 만약 환자의 진료지와 주거지 내지 동선이 여러 관할에 걸친 경우, 해당 기초자치단체장 모두에게 보고해야 하는지에 대한 의문점과 보고가 올라가면서 감염병의 통제가 다원화되는 건 아닌지에 대한 의문점도 있다는 의미이다.[225] 독일은 연방정부가 전염병 유입이나 확산방지를 위한 행정 규칙을 정하고, 실질적인 조치들은 보건소, 관할관청, 로베르트코흐연구소의 빠르고

223) 윤진아, 앞의 논문, 284면.

224) 김천수, “중동호흡기증후군 2015년 사태와 관련된 의료법령의 분석과 입법론-의료법 및 감염병의 예방 및 관리에 관한 법률의 쟁점 조항을 중심으로”, 207면.

225) 김천수, “중동호흡기증후군 2015년 사태와 관련된 의료법령의 분석과 입법론-의료법 및 감염병의 예방 및 관리에 관한 법률의 쟁점 조항을 중심으로”, 207면.

유기적인 정보전달과 의사소통으로 이루어진다.[226] 이러한 독일의 보고 체계처럼 신속한 대응의 장애요인을 없애기 위해 신고 내지 보고 체계를 중앙정부 또는 질병관리청으로 일원화할 필요가 있다는 것이다.[227] 한편 독일에서는 감염병예방법 제16조에 의해 감염병의 빠른 확산으로 절박한 위험이 있는 경우에는 필요한 조치를 보건소에서 직접 명령할 수 있는 예외 규정이 있다.[228] 이 규정은 우리나라에서는 없는 규정인데 보고체계의 간결화와 함께 감염병의 확산 위험도가 높아 빠른 조치가 필요할 경우에 관할 보건소에서 직접 명령(선조치 후보고)하게 한다면 더 신속한 대응을 할 수 있을 것이다. 따라서 이러한 내용들을 입법적인 해결로 개정이 필요하다고 본다.

Ⅲ. 의료인의 감염병 진단 능력

1. 의료행위의 범위

의료법상 의료인은 보건복지부 장관의 면허를 받은 의사, 치과의사, 한의사, 조산사 및 간호사를 말한다(의료법 제2조 제1항).[229] 그런데 법률상으로는 의료행위와 한방 의료행위가 구분되지만, 의사 또는 한의사의 업무범위나 면허의 범위에 대한 적극적인 정의 규정은 부재하며, 특정 의료행위의 허용이나 금지에 대한 세부 규정도 두고 있지 않다.[230] 의료행위의 경우 행위주체에 따라 의사는 의료와 보건지도, 치과의사는 치과의료 및 구강보건지도, 한의사는 한방의료와 한방보건지도, 조산사는 조산과 임부·해산부·산욕부 및 신생아에 대한 보건과 양호지도로 구분하고 있다.[231] 그런데 의사, 치과의사,

---

226) 윤진아, 앞의 논문, 284면.

227) 김천수, "중동호흡기증후군 2015년 사태와 관련된 의료법령의 분석과 입법론-의료법 및 감염병의 예방 및 관리에 관한 법률의 쟁점 조항을 중심으로", 207-208면.

228) 윤진아, 앞의 논문, 263면.

229) 주호노, 앞의 책, 63면.

230) 김한나, "한의사의 의과의료기기 사용 규제에 관한 검토", 대한의사협회 의료정책연구소 연구보고서, 대한의사협회 의료정책연구소, 2018, 11면.

한의사가 각자의 영역에서 체계적인 교육을 받고 국가로부터 관련 의료에 관한 전문지식과 기술을 검증받은 범위에 벗어난 의료행위를 할 경우, 사람의 생명·신체나 일반 공중위생에 발생할 수 있는 위험을 방지함으로써 궁극적으로 국민의 건강을 보호하고 증진하기 위한 데 있다. 이러한 취지에서 의료법은 의료기관의 개설(동법 제33조), 진료과목의 설치·운영(동법 제43조), 전문의 자격 인정 및 전문과목의 표시(동법 제77조) 등에 관한 여러 규정에서 의사·치과의사·한의사의 세 가지 직역이 각각 구분되는 것을 전제로 규율하면서 각 직역의 의료인이 '면허된 것 이외의 의료행위'를 할 경우 형사처벌까지 받도록 규정하고 있으나, 막상 각 의료인에게 '면허된 의료행위'의 내용이 무엇인지, 어떠한 기준에 의하여 구분하는지 등에 관하여는 구체적인 규정을 두고 있지 않다. 즉 의료법은 의료인을 의사·치과의사·한의사 등 종별로 엄격히 구분하고 각각의 면허가 일정한 한계를 가짐을 전제로 면허된 것 이외의 의료행위를 금지·처벌하는 것을 기본적 체계로 하고 있으나, 각각의 업무 영역이 어떤 것이고 면허의 범위 안에 포섭되는 의료행위가 구체적으로 어디까지인지에 관하여는 아무런 규정을 두고 있지 않다. 이는 의료행위의 종류가 극히 다양하고 그 개념도 의학의 발달과 사회의 발전, 의료서비스 수요자의 인식과 요구에 수반하여 얼마든지 변화될 수 있는 것임을 감안하여, 법률로 일의적으로 규정하는 경직된 형태보다는 시대적 상황에 맞는 합리적인 법 해석에 맡기는 유연한 형태가 더 적절하다는 입법 의지에 기인한다.[232]

2. 의사와 치과의사의 의료행위 구분

의학과 치의학은 서양의학이라는 같은 뿌리에서 출발하였지만, 현재는 양자의 치료행위는 외형적 기준에 따라 의사와 치과의사의 면허 범위를 구분하고 있다. 의사는 '의료와 보건지도'를, 치과의사는 '치과의료와 구강보건지도'로 각각 구별하여 규정하고 있다. 그러나 이와 같은 의료법의 의사와 치과의사의 구분은 의사와 한의사 임무 구분을 '한

231) 주호노, 앞의 책, 63면.

232) 대법원 2016. 7. 21. 선고 2013도850 전원합의체 판결.

방’인지 아닌지에 차이를 두는 것과는 다르다.

현재 대법원 판례에서는 치과의사가 피부미용목적의 보톡스 시술을 한 것이 치과의사의 적법한 의료행위 범위에 포섭되는지에 대한 문제에서 “보톡스를 이용한 시술이 이미 치과에서 다양한 용도로 활용되고 있는 상황에서 그로 인한 공중보건위생에 대한 위험이 현실적으로 높지 아니하고 전문 직역에 대한 체계적 교육 및 검증과 규율이 이루어지고 있는 한, 의료의 발전과 의료서비스의 수준 향상을 위하여 의료소비자의 선택가능성을 널리 열어두는 방향으로 관련 법률규정을 해석하는 것이 바람직할 것이다”[233]라고 판시 하면서, 피부미용목적의 보톡스 시술도 치과 의료행위에 포섭이 된다고 해석하였다. 그와 반면에 학계에서는 이러한 대법원 전원합의체 판례의 태도를 보고 피부미용목적의 보톡스 시술이 의료법상 치과의사의 면허범위 내지 의료행위는 ‘치과 의료’와 ‘구강 보건지도’라는 치과의사의 두 가지 수행 임무에 포함된 것인데, 이것은 법해석의 범위를 넘어선 해석이라는 견해가 있다. 그러면서 설령 현대 의료기술의 발전에 의해서 치과의사의 수행 임무 범위가 확장된다고 하여도 치과의사에게 부여된 본연의 임무와 관련성이 있어야 할 것이며, 이러한 임무 관련성이 없는 의료행위는 무면허 의료행위로 판단해야 한다고 주장하였다.[234] 예컨대, 만약 서양의학에서 진료과목 중에 주로 통증의학과에서 시술하는 안면부의 삼차신경 차단술을 치과의사가 하였다면, 신경 치료의 목적이 있기 때문에 학계의 주장에 따르면 이러한 의료행위는 무면허 의료행위가 될 것이고, 전원합의체 판례의 태도에 따른다면 치과의사의 적법한 의료행위 범위에 포섭이 될 것이다. 그러나 의료행위의 범위를 해석할 수 있는 의료법은 처음 그 법을 규정한 입법취지가 의료 시스템 구축 때문이지, 위반행위를 규제하려고 만든 법은 아니라는 점을 고려해야 한다.[235] 따라서 의학과 치의학이 뿌리를 같이 하고 있고, 의료의 발전과 의료서비스의 수준 향상을 위하여 의

233) 대법원 2016. 7. 21. 선고 2013도850 전원합의체 판결.

234) 선종수, “의료법상 의료행위의 개념과 그 판단기준”, 의생명과학과 법 제17권, 원광대 법학연구소, 2017, 29면.

235) 민국현, “사무장병원에서 민법상 의료계약의 적법성에 대한 검토”, 한국의료법학회지 제26권 제1호, 한국의료법학회, 2018, 353면.

료소비자의 선택가능성을 널리 열어두는 방향으로 관련 법률규정을 해석하는 것이 바람직하다는 대법원 전원합의체의 태도가 타당하다고 본다.

3. 의사와 한의사의 의료행위 구분

현재 의사와 한의사의 의료행위 구분과 관련하여 주로 다투고 있는 문제는 영상의료기기 사용일 것이다. 그 근거로는 판례에서 "한의사가 방사선사에게 CT 촬영 지시와 CT 영상의학 판독 행위를 한 사례에서 한의사 면허 외의 의료행위로 본 사례",[236] "한의사가 X선으로 측정하는 골밀도 장비를 이용하여 성장판 검사를 한 행위가 한의사 면허 외의 의료행위로 본 사례",[237] "한의사에게 영상의학과 의사의 영역인 초음파 검사가 한의사에게 의료행위를 허용하기 어렵하고 본 사례"[238]등이 있다. 그 외에도 영상의료기기 사용한 사례는 아니었지만, "피부미용목적으로 시술하는 IPL 시술 의료행위도 한의사의 면허 범위 외의 의료행위로 본 사례"[239]도 있다. 서양의학의 뿌리를 같이하는 의학과 치의학과는 달리 한의학은 서양의학과 동양의학이라는 이원화 체계의 의학 분야이기 때문에 의학적 진단과 치료의 관점이 다르다.[240] 그리고 주로 다툼이 많은 영상의료기기 사용 문제에서는 다음과 같은 규제 사항들이 있다. 일단 '진단용 방사선 발생장치의 안전관리에 관한 규칙' 개정으로 안전관리책임자를 두어야 하는 의료기관에 한방병원이 포함되어 있으나, 진단용 방사선 발생장치에 관한 규정인 의료법 제37조 제1항에 의해서 의료기관의 범위에 의사가 없는 한방병원이나 한의사는 포함되지 않는 다는 점이다. 다시 말하면, 한의사는 의과의료기기의 사용 권한이나 자격이 부여되지 않는 다는 해석이 나온다. 특수장비의 설치 및 운영에 관한 규칙 제2조 제2항에 의하면 CT기

---

236) 서울고법 2006. 6. 30. 선고 2005누1758 판결.
237) 대법원 2011. 5. 26. 선고 2009도6980 판결.
238) 헌재 2012. 2. 23. 2009헌마623.
239) 대법원 2014. 2. 13. 선고 2010도10352 판결.
240) 박덕봉·명순구, "현대 의료기기의 사용과 한의사의 면허 범위", 고려법학 제83호, 고려대법학연구원, 2016, 239면.

기를 설치 및 등록하기 위해서는 반드시 영상의학과 전문의를 고용 및 상주해야 하는데, 한의사는 영상의학과 전문의 없이는 특수장비를 설치할 수 없고, 한방병원의 경우는 한의사가 의료를 행하는 의료기관이기 때문에 영상의학과 의사를 고용할 수 없으므로 특수장비를 설치할 수 없다.[241] 일단 법적 근거로는 이러한데 의료정책연구소에서는 서양의학의 의료장비를 한의사가 사용할 경우에 그 범위를 정하는 기준으로 '의료기기 개발 및 제작의 원리가 한의학의 학문적 원리에 기초하였는지', '의과의료기기를 사용하는 의료행위와 한의학 이론이나 원리의 응용 및 적용을 위한 것인지', '보건위생상 위해가 생길 우려가 없는지 여부' 등으로 보고 있다. 이러한 기준은 사실 이미 앞서 살펴본 '대법원 2016. 7. 21. 선고 2013도850 전원합의체 판결'에서도 판시한 바 있고, 의료정책연구소에서도 판례의 동향을 연구하여 이러한 기준을 제시한 것이다. 그런데 한의학계에서는 규제의 제재에 대한 어려움이 있어도 전통적인 동양의학의 틀에서 현대 의학의 수준으로 끌어올리기 위해 노력하고 있는 모습을 보인다. 현재 한의대에서는 오래전부터 임상병리학과 방사선학을 전공과목으로 교육함으로써 현대 의학의 수준에 맞춰 한의사를 양성하고 있다. 그러한 모습은 의학의 발전과 의료소비자의 입장에서는 긍정적인 방향이라 본다. 그러나 그런 노력이 규제에 위법이 되지 않으려면 입법적인 개선이 뒷받침되어야 한다고 본다.

4. 치과의사와 한의사의 감염병 진단 능력 검토

감염병예방법상 의사의 신고의무자에는 치과의사도 포함되어 있는데(감염병예방법 제11조), 기존에 한의사와 함께 과연 감염병을 진단할 수 있는 능력이 있는지, 그리고 진단 능력이 부족하다면 이러한 의무가 무겁지는 않은지 의문이 들게 된다. 왜냐하면 일단 치과의사는 대학과정부터가 영상의학을 배우고 있어도, 내과 영역에서의 법정감염병을 진단할 수 있는 수준에는 미치지 못하고, 한의사는 의료법 개정의 어려움으로 방사선 장비를 사용할 수 없어서 한의대 교육과정에서 임상병리학과 영상의학을 배운다 하

241) 김한나, 앞의 논문, 2면.

여도 아직 진단 능력에서 검증되지 못하였다. 그뿐만이 아니다. 치과의사와 한의사가 되어 임상에 나가게 되면 감염병 증상으로 진료를 보는 경우는 흔치가 않고, 환자들도 높아진 의학상식 때문에 감기나 폐렴 증상이 있을 땐 양의학에서도 내과나 가정의학과 등 감염병 관련 진단이 가능한 의료기관을 찾기 때문이다. 현재 학계에서는 치과의사와 한의사에게도 신고의무를 부과한 것은 진단능력의 관점에서 본 것이 아니라, 사실적 가능성이 높은 자에게 신고의무를 부과했다는 점으로 분석하고 있다. 다시 말하면, 원인이 감염병인지 모른 채 아파서 온 환자를 의료기관에서 일반인보다 감염병 환자로 의심되는 사람을 발견할 사실적 가능성이 높기 때문으로 보고 있다.[242)]

현재 독일에서는 신고의무자를 사람을 진료하는 의사 중에서는 신고대상 감염병과 관련된 의사로 보고 있는데 관할 보건소에 기명 신고를 원칙으로 하고, 예외적으로 매독균, 에이즈바이러스, 포낭충, 말라리아원충, 톡소포자충에 감염된 환자는 사생활 보호를 위해 익명으로 신고할 수 있도록 되어있다.[243)] 이렇게 독일에서는 신고대상 감염병과 관련된 의사로 보고 있어 진단 능력 관점으로 보고 있다는 것을 알 수 있다. 그와 반면에 우리나라는 감염병이 의심되는 환자를 발견할 사실적 가능성이 높은 의료인에게 그 의무를 부과했다는 것을 알 수 있다. 사실 이 부분에서는 면역력이 떨어져 있는 환자들이 의료기관에 자주 내원하기 때문에 감염병이 의심되는 환자를 발견할 가능성이 높은 의료인에게 그 의무를 부과하는 것은, 감염병을 예방하는 관점에서는 많은 도움이 될 것으로 보인다. 그러나 그런 감염병 의심 환자들을 발견하면 우리나라는 1급감염병과 예방접종 후 이상반응 외에는 2급과 3급감염병을 24시간 이내, 4급감염병을 7일 이내 신고하도록 되어 있는데,[244)] 우리나라도 독일처럼 즉시 신고하도록 관련 규정을 개정[245)]하여 감염병의 확산을 막는 대응 조치를 빠르게 해야 할 것이다.

---

242) 김천수, “중동호흡기증후군 2015년 사태와 관련된 의료법령의 분석과 입법론-의료법 및 감염병의 예방 및 관리에 관한 법률의 쟁점 조항을 중심으로”, 208면.

243) 이천현, 앞의 논문, 77-78면.

244) 질병관리청 법정감염병 분류체계 개편 등에 따른 변경사항 참조. (http://www.cdc.go.kr) (2021. 2. 22. 최종방문)

245) 이천현, 앞의 논문, 78면.

제3절 민법상 보호방안

Ⅰ. 민사소송에서 보건 및 의료전문가 증언 제도 도입

1. 보건 및 의료전문가 도입의 필요성

민사소송에서 병원 내 감염된 사례에서는 차트기록과 관련해서 감정을 받으면 되지만, 원고와 피고가 법원에 제출한 차트기록 증거 문서들을 법원에서 주로 그 분야의 전문가인 대학병원 교수에게 감정 의뢰를 많이 하는데, 물론 감정을 빨리 해주는 경우도 있으나, 대부분의 경우 감정 의뢰를 받은 전문가도 너무 바빠서 감정을 못하고 있다가 나중에 증인으로 출석해달라는 최고 때문에 늦게나마 감정해서 보내주는 경우가 많다. 그뿐만이 아니다. 주로 대학병원 교수들은 너무 바쁘다보니 의뢰 받은 차트기록 문서들을 분실하는 경우도 있어서 나중에 다시 보내달라는 경우도 있기 때문에 감정하는데, 너무 오래 걸려서 소송 자체도 너무 오랜 기간이 걸리게 되는 경우가 빈번히 일어난다. 그렇다 보니 의료과실 소송 중에 신체감정절차 등을 통하여 구체적인 배상의 내용을 정하려는데 오랜 기간이 걸려서, 나중에 신체감정결과에 따라 확장한다는 점을 전제로 하여 손해의 일부만을 청구하는 경우도 많다.[246] 전문심리위원들의 증언은 재판에 출석하여도 그저 참고자료로만 활용될 뿐 증거능력은 인정되지 않고 있다.[247] 그뿐만이 아니다. 현재 우리나라는 감정인 선정, 감정인 신문 등 주요 감정절차는 원칙적으로 법원이 진행하고 있어서, 전문 분야에 관한 소송에서 감정인의 전문성과 공정성에 관한 문제, 감정결과의 적정성 문제, 감정비용의 문제 등이 지적되고 있다.[248] 따라서 이러한 문제

---

246) 백경희, "의료사고 민사책임과 소멸시효", 135면.

247) 전문심리위원 제도의 활용이 보편화되지 않는 것은 전문심리위원의 진술 또는 서면이 증거로서 어떻게 사용되어야 하는지, 감정증인 또는 사실조회 등과의 차이가 어떠한지 등의 법적인 문제도 있겠지만 전문심리위원을 이용한 사례가 많지 않아 전문심리위원을 구체적으로 어떻게 재판에 참여시켜 활용하여야 하는지에 대한 지식의 부족 때문이라 한다(정진경, "실무연구(實務硏究)-전문심리위원을 활용한 의료사건재판", 법조협회 제59권 제10호, 법조, 2010, 298면).

점을 해결하기 위해서는 감정 결과의 공정성과 적정성을 보장할 수 있는 미국의 전문가 증언 제도를 도입해야 한다고 본다. 일반적으로 민사소송 시 병원과 환자 간의 민사소송뿐만이 아니라, 병원 외 감염인 코로나바이러스19처럼 감염병 사례에서도 일반인과 일반인 사이에서 민사소송 시, 이 제도를 도입하면 공평의 이념상에도 부합되고, 당사자 간의 입증 부담도 덜어줄 수 있다.

2. 보건 및 의료전문가 도입에서 추진방안

미국은 이미 환경오염, 유해물질, 의료과실 소송, 약해, 업무상 질병, 감염병과 같은 역학적 인과관계 소송에서 법적 문제인 상당 인과관계의 존부의 규범적 판단은 사실상 전문가 증언에 의존하여 그 증명에 관하여 나름의 법리를 축적하고 있다.[249] 그렇다 보니 미국은 일반인 피해자가 의료 전문가의 도움을 받아서 주장도 할 수 있고, 항변도 할 수 있어서 입증책임 분배를 동등한 입장으로 하여도 불리하지 않는 것이다.[250]

일단 우리나라에서 전문가 증언 제도를 도입시키려면 매우 신뢰성이 높은 전문가 증언의 판단기준을 확립시키는 작업이 중요한데, 가설의 실험에 의한 재현 가능성, 동료 전문가에 의한 검증, 가설의 오류율, 가설의 일반적 수용 가능성을 종합적으로 고려하여야 한다.[251] 예컨대, 감염병의 경우에는 감염병전문관리센터를 도입하여 각 지역마다 센터를 설치하고, 감염병 역학조사관, 감염병 전문 의사, 감염병 전문 간호사 등 감염병 전문 인력을 상시 배치하여 감염병 예방 및 관리뿐만이 아니라, 소송에서 전문가 증언

248) 김덕기, 앞의 논문, 330-331면.

249) 연방사법센터(Federal Judicial Center)와 전미과학아카데미연구평의회(NRC : The National Academies of National Research Council)의 협동 작업에 의하여 발간된 "과학적 증거에 관한 참조 매뉴얼"(Reference Manual on Scientific Evidence. 이하에서는 '참조매뉴얼'이라고 한다)이 그것이다(이승현, 앞의 논문, 308-309면).

250) HERMAN CYR, PRO AMI v. JOSEPH H. GIESEN LEON CYR v. JOSEPH H. GIESEN, 150 Me. 248, 108 A.2d 316, October 13, 1954; Anton K. SAMAAN, Plaintiff, v. ST. JOSEPH HOSPITAL, 744 F.Supp.2d 372, Dec. 6, 2010.

251) 김덕기, 앞의 논문, 332면.

도 할 수 있는 체제로 활성화해야 할 것이다. 그리고 우리나라에 미국의 전문가 증언 제도가 도입되어도, 미국은 민사소송에서도 전문증거금지의 원칙이 유지되고 있어서, 과거에는 전문가의 증언은 증거로써 인정되지 않았지만, 최근에는 전문가의 증언이 재판에서 증거능력으로 인정이 많이 되고 있는 추세이다. 그와 반면에 우리나라는 법률상의 예외를 제외하고는 자유심증주의를 채택하고 있어서 민사소송법상 원칙적으로 증거능력의 제한이 없다 보니,[252] 법률상으로 미국과 달리 민사소송에서는 전문가의 증언이 증거능력으로 인정될 수 있다.[253] 다만, 재판에서 자유심증주의를 취하고 있는 상황에서도 판사가 증거능력을 인정하지 않고 있을 뿐이다. 따라서 이미 우리나라의 법적인 근거로는 미국의 전문가 증언 제도를 바로 도입할 수 있는 상황이고, 앞으로 전문가의 증언의 신뢰성을 높이는 작업이 중요하다 볼 수 있겠다. 다만, 이 제도를 다 받아들이자는 것은 아니고, 잠복기가 있어 입증하기 어려운 민사소송에서만 이 제도를 도입하자는 것이다.

Ⅱ. 감염병 사태에서 응급환자 이관의 정당성 부여

1. 의료계약상의 관점에서 응급환자

가. 의료계약 체결 전의 관점

응급환자가 응급실로 내원할 시에는 의료법 제15조와 응급의료에 관한 법률 제10조에 의해서 정당한 사유가 없으면 진료를 거부할 수 없다. 그런데 국가가 감염병으로 인한 사회적 재난이 일어나서 병원의 방역의무가 강화되었을 경우에는 응급환자의 구명의

252) 민사소송법 제202조 자유심증주의
법원은 변론 전체의 취지와 증거조사의 결과를 참작하여 자유로운 심증으로 사회정의와 형평의 이념에 입각하여 논리와 경험의 법칙에 따라 사실주장이 진실한지 아닌지를 판단한다.

253) 김홍엽, 「민사소송법(제4판)」, 박영사, 2013, 557면.

무[254])와 병원의 방역의무(감염병예방법 제5조)가 충돌하는 경우가 있다. 예컨대, 대형급 병원의 응급실이 자주 폐쇄되는 상황에서 상대적으로 작은 병원급 응급실에서 대신 응급환자의 의료 공백을 채워주는 현상이 일어난다. 그래서 평소보다 더 많은 응급환자가 내원하게 되고, 대형급 병원보다 환경이 미흡하여 응급실 현관 앞에서 방호복을 입고 체온체크와 문진과정을 하는 정도이다. 이런 상황에서 심하게 교통사고를 당한 응급환자가 의식이 없는 상태에서 몸에 열이 있는 경우는, 선별진료소가 있는 대형급 병원으로 보내야 할지, 아니면 응급실 내부로 들여보내서 응급조치를 우선적으로 해야 할지 난처한 상황이 발생한다. 분명 응급환자의 구명의무와 병원의 방역의무는 둘 다 행정법상의 규제이다. 그런데 병원의 방역의무에서는 예외적 규정이 없는 반면에 의료법 제15조와 응급의료에 관한 법률 제10조에서는 '정당한 사유'라는 추상적 규정이 있다. 그래서 그 '정당한 사유'에 포섭이 될 만한 사유라면 응급환자의 진료를 거부할 수 있다는 해석이 된다. 그렇다면 여기서 두 가지 관점으로 해석할 수 있다. 하나는 그 '정당한 사유'에 공공의 이익을 위한 병원의 방역의무가 포섭이 가능하다는 점이고, 또 하나는 응급환자 본인이 의식이 있는 상황에서는 선별진료소의 진료를 거부한 경우 의사의 보증인적 지위가 발생하지 않기 때문에 더 이상 의사의 구명의무가 발생하지 않는다는 점이다.[255]) 이 부분에 대해서 더 설명을 하자면 일단 민법적 관점으로 보면 응급환자가 응급실로 유치되지 않았다면 아직 의료계약 체결 전이기 때문에, 그 과정에서는 아직 의사에게 보증인적 지위가 발생하였다고 볼 수 없다. 그래서 의사의 보증인적 지위와 환자의 자기결정권의 충돌로 보일 수 있는 상황이지만, 환자의 자기결정권이 우선이 되기 때문에 '정당한 사유'에 포섭이 된다. 그리고 국가가 감염병으로 사회적 재난이 일어난

254) 응급환자의 구명의무에서 두 가지 상황으로 구분할 수 있다. 아직 응급환자를 응급실에 유치하지 않은 상황과 이미 응급환자를 응급실에 유치하고 있는 상황이다. 만약 응급환자를 병원 측 응급실에 유치하지 않고 외부에서 구명의무를 이행하였다면 사무관리로 볼 수 있겠다.

255) 의사의 보증인적 지위의 관점으로 보면 응급환자를 응급실에 유치하고 있다면 의사에게는 보증인적 지위가 생기지만, 아직 응급실에 유치하지 않고, 응급환자에 대한 정당한 사유에 의해서 진료의 청약을 거부한 경우는 의사에게 보증인적 지위가 있는 상황은 아니다.

상황에서는 병원이 응급환자 유치에 대한 행위는 방역의무 범위 내에서 이행해야 하는 부분이기 때문에, 감염병으로 인한 불특정 다수인 피해자 보호 차원에서도 한 명의 응급환자의 구명의무 보다는 불특정 다수인의 보호에 더 우선시 된다고 볼 수 있다. 그러나 무조건적으로 병원의 방역의무가 우선시 되는 것은 아니고, 방역의무 범위 내에서 구명의무를 이행해야 하고, 이익교량에 의한 구체적 상황에 따라서 구명의무를 이행하는 것이 불특정 감염병 피해자의 발생을 막을 수 있는 보호 방안이라 본다.

나. 의료계약 체결 후의 관점

민법적 관점으로 보면 병원이 응급실을 개방하고 그 앞에 선별진료를 하고 있다면 청약의 유인으로 볼 수 있고, 응급환자가 응급실로 내원하였다면 병원에 대한 응급진료 청약을 한 것이고, 병원에서 선별진료를 마치고 응급실 안으로 들여보냈다면 병원의 승낙이 합치가 되어 의료계약이 체결 된 것으로 볼 수 있다. 그런데 의료계약상으로 보게 되면 당사자가 행위능력이 있어야 하는데, 만약 응급환자가 의사능력은 있지만 행위능력이 없는 미성년자의 경우에는 법정대리인이나 성년후견인의 사자나 대리인의 입장이 된다.[256] 그래도 일단 의료계약의 해석상 사자나 대리인의 입장이라도 법정대리인이나 성년후견인에게 법률효과 귀속이 되기 때문에 의료계약이 성립이 된다. 그리고 무엇보다도 응급환자는 자기결정권은 누구에게도 양도할 수 없는 일신전속권이기 때문에 응급환자 본인의 자기결정권은 침해할 수 없는 것이다.[257]

의료계약이 성립이 되었다면 의료계약의 존재가 없어지는 상황이 되려면 의료계약의 목표를 이루었거나, 의료계약을 해지하였을 경우로 나누어 볼 수 있다. 일단 의료계약의 목표는 수단적 채무로서 목표를 이루는 것으로 보아야 할 것이고, 의료계약을 해지하는 경우는 의료법 제15조와 응급의료에 관한 법률 제10조에서 '정당한 사유'에 의해서만

256) 김민중, "의료계약의 당사자로서의 환자와 관련한 문제에 대한 검토", 의료법학 제10권 제2호, 대한의료법학회, 2009, 3면.

257) 백승흠, "의료행위의 동의능력과 대낙의 범위-독일 일본법과 비교하여", 한독사회과학논총 제22권 제4호, 한독사회과학회, 2012, 75면.

가능하다. 만약 의료계약을 해지하게 되면 소급되지 않고, 장래에 대해서만 계약의 구속에서 벗어나는 것이고, 정당한 사유에 의한 해지권이기 때문에 형성권이라 볼 수 있다. 의료계약 해지권이 형성권이니만큼 그 권리는 불특정 감염병 피해자의 속출 문제에 있어 구명의무와 방역의무에서 신중하게 저울질을 해야 하는 부분이다. 그래서 일단 기본적으로 의식이 없는 응급환자나 연명 치료를 받고 있는 환자에게는 의사의 의료계약 해지권을 행사할 수 있는 정당한 사유에 포섭되지 않는다. 왜냐하면 의식이 없는 응급환자는 진료협력의무라던가 방역의무에 협조를 기대할 수 없고, 연명 치료를 받고 있는 환자는 자기결정권에 의하지 않고서는 연명 치료를 중단할 수 없기 때문이다.[258] 그와 반면에 의식이 있는 응급환자가 응급실 내에서 감염방지의무 이행을 협조하지 않는다면 불특정 다수인의 감염 방지 조치로서 의료계약을 해지할 수 있다고 본다. 이러한 조치는 의료계약이 위임계약의 성질을 띄고 있어서 인적 신뢰가 깨진 부분도 있지만, 그보다 공공의 이익을 위한 방역 조치로서가 더 크다고 본다.

2. 의료기관에서 응급환자 이관의 정당성

의료법 제15조[259]와 응급의료에 관한 법률 제6조[260]에서 명시된 의사의 진료거부 금지 규정과 응급의료에 관한 법률 제10조[261]에 명시된 응급의료 중단 금지 규정에 의해서 환자의 진료거부가 생명의 위험을 배제할 수 없을 경우에는, 의사에게 보증인적

---

258) 민국현, “의사의 정당한 사유에 의한 의료계약 해지권 검토”, 54-55면.

259) 의료법 제15조 진료거부 금지 등
① 의료인 또는 의료기관 개설자는 진료나 조산 요청을 받으면 정당한 사유 없이 거부하지 못한다.

260) 응급의료에 관한 법률 제6조 응급의료의 거부금지 등
① 응급의료기관등에서 근무하는 응급의료종사자는 응급환자를 항상 진료할 수 있도록 응급의료업무에 성실히 종사하여야 한다.
② 응급의료종사자는 업무 중에 응급의료를 요청받거나 응급환자를 발견하면 즉시 응급의료를 하여야 하며 정당한 사유 없이 이를 거부하거나 기피하지 못한다.

261) 응급의료에 관한 법률 제10조 응급의료 중단의 금지
응급의료종사자는 정당한 사유가 없으면 응급환자에 대한 응급의료를 중단하여서는 아니 된다.

지위에 있어 진료를 거부할 수 없는 의무가 있다는 것이다. 그런데 환자가 자기결정권에 의한 진료거부 시 의사가 환자의 보증인적으로 진료를 포기하지 말아야 하는지에 대해선 비응급환자인 경우와 응급환자인 경우에 따라 달라진다.

가. 비응급환자

비응급환자의 경우에는 의료법 제15조 규정이 환자의 진료 요구에 대한 의사의 거부를 소극적으로 금지할 뿐이고, 반대로 환자의 진료거부에 대해 의사에게 진료를 적극적으로 요구하고 있는 것은 아니다.[262] 다시 말하면, 응급의료에 관한 법률 제6조와 동법 제10조 규정은 환자의 신속한 응급처치 및 치료받을 권리를 보장하기 위한 구급의료에 관한 법이고, 이 목적을 달성하기 위해 의료인에게 응급처치 강제 의무를 부과하는 것이므로, 의료법 제15조의 진료거부 금지 규정은 응급상황과는 달리 종료된 진료에 해당하는 경우라 할 수 있고, 사무관리의 종료를 요구하는 의사표시에 의해서도 의료인의 진료의무는 소멸된다.[263] 이러한 관점으로 보면 일단 응급환자가 내원해서 전 처치를 받고 입원치료나 통원치료로 바뀐 시점부터는 비응급환자의 입장이 되고, 환자는 병원의 방역의무에 적극 협조를 해줘야 한다. 여기서 환자의 협조의무는 환자 본인의 감염방지의무뿐만이 아니라 진료협력의무와 병원의 방역 관리에 대한 협조의무가 있다. 이에 협조를 해주지 않아 병원 측에서 협조 이행청구권을 행사할 경우 환자 본인이 더 이상 진료를 거부하고 의료계약을 해지하는 경우에 의료인은 더 이상 진료의무가 소멸하여 의사의 보증인적 지위가 없게 된다. 그리고 병원 측에서도 불특정 다수인의 감염 피해를 적극 예방해야 하기 때문에 '정당한 사유'에 의한 진료거부권을 행사 할 수 있다.

---

262) 이상돈, 앞의 논문, 97면; 김성룡·백자민, "의료계약과 치료중단에 있어서의 의사의 보증인적 지위", 법학논고 제29권, 경북대 법학연구소, 2008, 57면.

263) 비응급환자의 경우에는 환자의 자기결정권에 의한 진료거부 시 의료 행위 중단은 의료법 제15조의 '정당한 사유'에서 충분히 포섭이 가능하다는 점에서 학자들의 주장이 일치한다(정효성, "의사의 치료의무와 환자의 죽을 권리에 대한 형법적 연구", 고려대대학원, 박사학위 논문, 2010. 115면).

나. 응급환자

응급환자의 경우에는 의사에게 진료의무의 존재 여부를 저울질하는 것 자체부터가 의문이다. 왜냐하면 환자의 상태가 응급 상황인 만큼 생명과 직결된 부분이기 때문이다. 현재 우리 학계에서는 응급환자의 경우에 의사에게 진료의무가 존재한다는 견해[264]와 존재하지 않는다는 견해[265]로 나눠진다. 이 두 견해의 내용 중에 의사의 진료의무가 존재한다는 견해에서 생명의 존엄성, 신체의 완전성이라는 헌법상의 기본권을 보장하기 위하여 정책상의 이유, 응급의료의 특성상 공공성을 이유로 환자의 자기결정권 보다 의사의 생명권이 더 우선시 된다고 주장한다.[266] 그러나 응급의료에 관한 법률 제10조

264) 응급환자의 자기결정권에 의한 진료거부 시 의사의 보증인적 진료 의무가 존재한다고 주장하는 학자(백경희 교수, 류화신 교수)는 의사의 진료의무를 법적 의무로 강제하여 의사의 의료계약 체결의 자유를 제한하는 것은, 의료 행위가 의사에 의하여 독점되고 있기 때문에 그 반사적 효과로 필요하다거나 의사의 직업윤리 등에 근거한다고 할 수도 있으나, 이외에도 적극적으로 생명의 존엄성, 신체의 완전성이라는 헌법상의 기본권을 보장하기 위하여 정책상의 이유도 존재한다(백경희, "환자의 진료협력의무와 의사의 의료과실", 대한의료법학회지 제13권 제1호, 대한의료법학회, 2012, 103면). 그리고 의료부분 중 가장 공공성이 높은 응급의료에 있어서 의료 전문가 주의의 환자 보호와 공공성이 재차 부각되고 있으며, 응급환자의 경우 의료 행위의 중지가 곧 환자의 생명에 위험을 가져올 가능성이 있다면 의사는 환자의 자기결정권을 존중할 의무보다는 환자의 생명을 보호할 의무가 우선시 된다고 한다(류화신, "의사의 전문가책임-진료과오를 중심으로", 민사법연구 제15권 제2호, 대한민사법학회, 2007, 15면).

265) 응급환자의 자기결정권에 의한 진료거부 시 의사의 보증인적 진료 의무가 존재하지 않는다고 주장하는 학자(이상돈 교수, 김성룡 교수)는 응급의료 의무에서 환자의 자기결정권으로 인한 한계가 있다고 한다. 예를 들면, 여호와의 증인인 응급환자가 수혈을 거부하는 경우에 의사는 수혈을 해서는 안 된다는 것이다. 그러나 수혈 이외의 다른 가능한 모든 응급조치는 다하여야 한다. 응급의료에 관한 법률에서 '정당한 사유'는 비례성 원칙에 의해서 판단될 수 있는데 응급의료의 목적 달성에 적합하지 않거나, 의사에게 침해되는 이익과 응급환자의 이익이 심각한 불균형 상태에 있는 경우에는 정당한 사유가 된다(이상돈, 앞의 논문, 499-500면). 따라서 응급의료 의무는 결과 발생 방지의무가 아니라 미래에 진료를 인수할 의료인이 행한 진료의 실효성을 유지시키는 의무일 뿐이라며 응급의료 의무를 의사의 보증인적 의무로 확대 해석해서는 안 된다고 한다(김성룡·백자민, 앞의 논문, 64면; 정효성 박사는 이상돈 교수가 현행 응급의료에 관한 법률에서 응급의료 의무를 의료인에게 부과한다 하더라도, 그것을 응급 의료 행위를 할 의무를 넘어서서 환자의 사망이라는 결과를 방지할 보증인의 의무로까지 확대해석해서는 안 된다는 의미로 주장하였다고 한다(정효성, 앞의 논문, 113면)).

응급의료 중단의 금지 내용에서 '정당한 사유'의 의미를 먼저 생각해야 하는 부분이다.[267] 왜냐하면 여기서 명시된 '정당한 사유'가 오히려 응급상황 시 더 우선시 될 수 있는 의사의 생명권으로부터 환자의 헌법상 보호되는 자기결정권을 보호하기 위한 보류 수단이 될 수 있기 때문이다. 우리 판례에서도 "회복 불가능한 사망의 단계에 이른 후에 환자가 인간으로서의 존엄과 가치 및 행복추구권에 기초하여 자기결정권을 행사하는 것으로 인정되는 경우에는 특별한 사정이 없는 한 연명치료의 중단이 허용될 수 있다"[268]라고 하였다. 다시 말하면, 응급의료에 관한 법률 제10조의 '정당한 사유'에서 환자의 자기결정권을 침해 되지 않는 한도 내에서 응급의료를 중단할 수 있다는 의미로 포섭이 가능하다는 의미이다. 그러나 의식이 없어서 의사표시를 할 수 없는 응급환자는 만약 의식이 있었다면 일단 응급 처치와 치료를 받겠다는 자기결정권을 행사하리라 간주하고 의사는 적극적으로 환자를 살리는데 의료 행위를 이행해야 한다. 이러한 기본 체제에서 병원 측은 방역의무의 범위 내에서 응급환자에게 적절한 응급의료행위를 이행해야 하는 것이다. 예컨대 응급을 요하는 수준이 높은 응급환자가 내원하면 체온체크를 하고 보호자가 있으면 문진과정을 거치고 들어오기 때문에, 되도록이면 응급환자를 유치하는 방향으로 해야 한다. 그와 반면에 선별진료소가 있는 대형급 병원이 멀지 않으면, 응급실 앞에서 응급환자의 체온체크 시 열이 있으면 전처치를 하고 선별진료소가 있는 대형급 병원으로 이송하는 것이 바람직할 것이다. 이 부분에서는 의사의 의학적 판단이 중요한 상황인데 영미법이자 불문법인 미국에서는 의사의 의학적 판단으로 치료를 종결한 것을 진료거부로 본 사례도 있지만,[269] 우리나라와 비슷한 대륙법이자 성문

---

266) 백경희, "환자의 진료협력의무와 의사의 의료과실", 103면; 류화신, 앞의 논문, 15면.

267) 음주한 교통사고 응급환자가 병원에 와서 의사의 진료를 거부하고 귀가하였다가 사망한 사례에서 의사에게 진료를 계속할 의무와 주의의무가 없다고 한 판결이 있다(札幌地方裁判所 平成13年4月19日 平成10年(ワ)第2720号 平成11年(ワ)第1753号 判決).

268) 대법원 2009. 5. 21. 선고 2009다17417 전원합의체 판결.

269) 미국 판례에서는 의사가 수감자의 신장 이식 수술 청구에서 의사의 의학적 판단으로 수술을 거부 한 것에서 의사가 패소하여 항소를 하였으나 기각된 판례가 있다(Raymond D. JACKSON, Plaintiff-Appellee, v. Duncan A. McINTOSH; David Victorino, Defendants-Appellants, v. 90 F.3d 330, No. 94-16741, July. 18, 1996).

법인 일본에서는 의사의 의학적 판단으로 치료를 종결한 것을 진료거부로 보지 않은 사례가 많다.270) 따라서 감염병으로 인한 사회적 재난은 특별한 상황으로서, 응급환자에게는 방역 의무 범위 내에서 의학적 판단에 의한 구체적 사정에 따라 진료거부권을 행사해야 감염병으로 인한 불특정 다수인의 피해를 최소화할 수 있다고 본다.

Ⅲ. 악의의 가해자에게 소멸시효 기간 제한

1. 감염병의 특수성에 의한 소멸시효 기산점

감염병으로 인한 민사소송 시 소멸시효 기산점은 중요하다고 볼 수 있다. 왜냐하면 감염병은 잠복기가 천차만별이기 때문이다.

독일의 경우에는 불법행위에서 피해자가 가해자의 신원을 아는 어려움이 있을 수 있다는 점과, 피해자가 손해의 발생사실을 바로 알 수 없는 상황도 발생할 수 있다는 점과, 피해자가 가해자를 바로 선택할 수 없는 경우도 있어 피해자의 보호 필요성이 많다는 점 때문에 피해자의 인식을 기준으로 보고 있다.271) 미국의 경우에도 발견주의를 적용하여 만약에 수술한 환자의 몸속에 이물질이 있는 것을 알지 못하였다가 나중에 그러한 사실을 알거나 합리적 주의의무를 가지고 알 수 있었을 때까지는 시작되지 않는다고 보고 있다.272) 현재 우리나라는 의료분쟁 민사책임을 예로 들어도 불법행위 구조로 다

---

270) 정형외과 의사가 환자를 진료 하여 질환이 없다는 소견으로 진료를 거부 한 것에 대해서 손해배상 소송을 기각 한 사례가 있고(東京地方裁判所 平成 25年 4月 25日 平成 24年(ワ) 第21692号 判決), 치과 의사가 임 플란트 치료 환자에게 치료 종결을 통보 한 후 환자가 다시 진료를 청구 한 경우에 진료를 거부 한 것은 정당한 사유에 해당 한다는 사례도 있다(東京地方裁判所 平成29年2月9日 平成 26年(ワ) 第29168号 判決). 심지어 일본 판례에서는 의사가 환자를 폭행 한 사건에서 의사가 폭행 하느라 진료를 안 한 것을 환자가 진료거부와 불법행위를 이유로 소송을 제기 하였으나 기각 된 사례도 있다(東京地方裁判所 平成 25年3 月13日 平成 24年(ワ) 第4152号 判決).

271) Mansel, Die Reform des Verjährungsrechts, in Zivilrechtswissenschaft und Schuldrechtsreform, Tübingen 2001, 333면.

272) 이은정, "반인권 국가범죄에 관한 소멸시효 기산점 연구", 서울대대학원, 박사학위 논문,

루고 있는데 소멸시효 기산점을 피해자의 주관적 인식을 척도로 시작한다.[273] 이처럼 의료분쟁에서는 환자에게 발현되는 악결과가 실제 의료사고 발생일보다 늦어질 수도 있고, 그 악결과가 의료행위 외에 다른 원인과 결부되거나 다른 원인이 영향을 미칠 경우 환자가 악결과의 원인이 의료행위인지 다른 원인인지 분별하기 어렵다는 점을 고려하여, 환자가 의료과실의 존부와 시점을 인식하지 못한 것을 법률상 장애로 평가하여 환자 측의 부담을 덜어주고 있다고 보인다.[274] 따라서 감염병의 경우에도 감염병마다 잠복기가 다르고 바이러스가 눈에 보이지도 않고, 가해자 본인도 감염 사실을 모르고 있다가 불특정 다수인 피해자를 만들기도 하고, 나중에 발견된 경우에는 역학적 조사에 의해서 악의의 가해자가 있다는 것이 증명이 되어, 피해자가 손해 및 가해자를 안 날로부터 불법행위 소멸시효의 기산점이 된다고 해석할 수 있다.

2. 소멸시효 기산점에서 문제점과 개선방안

불법행위 소멸시효에서 장기 10년과 단기 3년의 소멸시효의 명문 규정은 감염병의 특수성 때문에 피해자가 주관적 인식을 척도로 기산점이 시작하다 보니 장기 10년과 단기 3년의 경계가 불명확해졌다. 이러한 문제점을 지적하며 개선방안으로 독일의 채무불이행과 불법행위 손해배상 청구권 소멸시효 장기 30년으로 통일하는 입법적 계수나, 일본의 제척기간으로 20년이긴 하나 우리나라에 소멸시효로 20년으로 개정하는 방법도 검토할만하다. 예컨대, 감염병의 잠복기를 고려한다 해도 에이즈의 경우는 잠복기가 약 10년인데, 독일처럼 소멸시효 기간을 장기 30년으로 하거나, 일본처럼 장기 20년으로 하여도 피해자의 구제는 충분히 가능하기 때문이다.[275] 그와 반면에 소멸 시효 기간의 개정은 우리나라 법감정과 맞지 않을 수 있으므로 신중하게 검토해야 한다는 견해[276]

2020, 171면.

273) 백경희, “의료사고 민사책임과 소멸시효”, 131면.

274) 백경희, “의료사고 민사책임과 소멸시효”, 134면.

275) 백경희, “의료사고 민사책임과 소멸시효”, 140면.

276) 임건면, “소멸시효 기간과 기산점”, 민사법학 제47권, 한국민사법학회, 2009, 56면.

와 전반적으로 세계적 추세와 통신과 이동 기술의 발달에 맞게 소멸시효를 오히려 단기간으로 정하되 그 기산점은 주관적 인식으로 해야 한다는 견해도 있다.277) 그러나 불법행위 손해배상 청구권의 경우는 계약상 손해배상 청구권과는 달리 감염병의 특수성 외에도 통상적으로 가해자를 알지 못한 경우나, 가해자가 피해자를 적극적으로 은폐·기망·강박 등의 행위로 피해자는 소를 제기하기 어려웠던 사정이 발생하므로, 독일처럼 소멸시효 30년으로 하고, 그 외에 일반적인 채권은 요즘 추세에 맞게 3년으로 개선하는 것이 타당하다고 본다.278)

277) 송덕수 외 5명, "時效 및 除斥期間 관련 개정논의 예상 主要論點과 立法例", 민사법학 제46권, 한국민사법학회, 2009, 95면.

278) 윤석찬, "독일민법의 소멸시효제도", 법학연구 제62권 제1호, 부산대학교 법학연구소, 2021, 234-235면.

제5장

결 론

감염병 사태에서 민법상 감염방지의무는 감염병 사태가 발생하면 정부 또는 질병관리청에서 국민들에게 방송이나 언론, 인터넷 매체를 통하여 정보를 전달하기 때문에, 이미 국민들은 감염병예방법상에서 지켜야 할 법적 의무를 알고 있는 상황인바, 빈번히 일어나는 사회생활상의 법률행위에서 지켜야 하는 의무로 해석할 수 있다. 예컨대, 병원에 가면 의료계약상에서 신의칙상 주의의무에 포섭이 되고, 식당이나 마트에 가면 매매계약상에서 신의칙상 주의의무에 포섭이 되고, 전철이나 버스를 타면 운송업 계약상에서 신의칙상 주의의무에 포섭이 된다. 이렇게 빈번히 일어나는 법률행위에서 사회생활상 지켜야 하는 감염방지의무로 볼 수 있다.

감염병 피해자는 감염병예방법상에서 손실보상 청구와 민법상에서 불법행위로 인한 손해배상 청구 소송을 제기 하는 것으로 구분할 수 있다. 그런데 이미 손실보상 청구는 민법에서 불법행위 체계로 보고 있기 때문에, 민법상에서는 감염병 사태의 특성을 고려하여 일반인과 일반인 간의 입증책임 감경에 대한 이론과 손해배상 범위를 검토하였다.

민법상 불법행위 법리 포섭에서는 일반적인 불법행위 법리와 공동 불법행위 법리로 포섭이 가능하다. 특히 인과관계 문제에서는 공동 불법행위 법리의 경우에 감염병의 특성상 처음 감염된 숙주에 의해서 불특정 다수인의 감염자가 발생하고, 그중에서도 본인이 감염된 사실을 모르는 경우가 많은 것이 특징이다. 그래서 이러한 경우는 예외적으로 중간 감염자들의 행태에 따라서는 인과관계가 단절되는 이론의 법리를 적용해야 할 것이다.

감염방지의무 위반의 효과로는 민법상의 불법행위로 포섭한 손해배상 청구권, 소송상이든 소송상이 아니든 간에 감염방지의무 이행청구권이 있고, 의료계약 관계라면 의사나 병원 측의 진료거부 및 의료계약 해지권을 행사할 수 있다.

과거에 우리나라에 계수된 인과관계 이론은 독일의 이론을 일본을 통해 들어왔기 때문에 일본의 영향도 받았지만, 그 토대는 독일이라 볼 수 있다. 독일은 처음에 조건설을 취하다 무한정으로 책임이 인정되는 것을 막고자 인과관계 이원화 이론으로 발전하였고, 더 발전하고 나서는 상당인과관계 이론이 나왔다. 현재 우리나라는 상당인과관계 이론의 단점을 보완하고자 행위규범설로 보완된 상당인과관계로 보고 있다.

감염병 피해는 그 특성상 눈에 보이지 않는 가해행위이고, 불특정 다수인이 발생하는 과정에서 중간 입장자인 감염병 숙주는 가해자인지 피해자인지도 애매하고, 그런 와중에 피해자는 가해자를 지목하기도 어려운 상황이다. 그래서 민사소송을 제기하더라도 감염병의 잠복기로 인한 기간이 흐른 뒤에 손해 발생이 확인되어야, 가해자에게 손해배상 청구권을 행사하는 것이기 때문에 입증 문제에서 어려움이 많다. 그뿐만이 아니다. 실제로 감염병 피해와 관련하여 감정하는데도 오래 걸리다보니 소송도 오래 걸리고, 감정한 자료를 토대로 재판 현장에서 권리를 주장하고 항변하는데에도 감염병에 대한 전문가가 아닌 이상 증명의 어려움이 많다. 이에 개선방안으로 미국의 보건 및 의료 전문가 제도의 도입을 제시해 본다. 만약 이 제도를 도입한다면 민사소송 준비과정뿐만이 아니라, 민사소송 상에서도 보건 및 의료전문가 증언의 도움으로 입증 책임을 원칙대로 적용하여도 공평의 이념에도 부합하면서 피해자가 불리한 입장이 되지 않는다.

손해배상 범위에서는 우리나라가 금전배상주의가 원칙이기 때문에 손해배상 범위를 정하는 이론은 중요하다고 본다. 과거 메르스 사태가 발생하였을 당시에는 감염병의 전파 내지 확산의 가능성에 예견 및 회피의 가능성이 있음에도, 그 의무를 위반한 자에게는 민사책임에서 민법상 일반불법행위의 법리로 규율하는 것 자체를 부적절하게 보았다. 왜냐하면 감염병의 경우 인과관계가 인정되는 범위와 손해액이나 개인이나 개별 의료기관이 감당하기 어려운 액수라는 문제도 있고, 가해자를 특정하여 증명하는 것이 곤란하고, 본인의 감염 사실을 인식하거나 본인의 행위로 인한 가해의 가능성을 인식하기 어려웠기 때문에 과실의 존부를 판단하는 것도 쉽지 않았다. 그러나 코로나바이러스19 사태에서는 감염병 사태가 빨라 종식되지 않는 상황에서 감염방지의무 위반자와 피해자가 많이 속출하고 있기 때문에, 감염방지의무의 강화와 그로 인한 손해배상 범위론은 매우 중요한 상황이 되었다. 손해배상 범위론에서는 보호법익이 무엇인지를 먼저 살펴보아야 하는데, 현재 학계에서는 감염병예방법상에 규정되어 있는 내용에서 찾는 견해도 있고, 영미법의 소위 근접원인론 견해도 있는데, 근접원인론은 어느 구체적 손해에 책임설정적 인과관계가 인정되는 원인과 근접원인을 야기한 자들을 찾아서 가해자로 지목되게 하고 손해를 전가하는 이론이다. 일단 이 이론을 적용하더라도 보호법익이 무엇인지도 함께 탐구해야 하는 부분이라 본다. 그러나 우리나라는 손해배상 범위와 관련하여 통상손해와 특별손해에서 범위를 정하고 있어서 특별손해 부분에서 충분히 손해배상 범위를 합리적으로 접근할 수 있다고 본다.

손해배상 범위에서 책임 제한에서는 감염병 피해자의 입장에서도 정부에서 알려주는 감염방지의무에 대한 공지사항이 있는 상황에서, 사회생활상 마스크 착용 여부나 사회적 거리두기 등을 위반한 사례로 본다면, 타인의 법익침해를 예견하거나 회피할 수 있다는 점을 고려하여 과실이 함께 인정되어야 하는 부분이기 때문에, 과실상계 및 책임 제한 이론 적용도 있어야 한다고 본다. 예컨대, 피해자가 버스를 타고나서 몰래 마스크를 벗고 있다가 감염되었다면, 운송계약상에서 사회생활상 마스크 착용 의무는 신의칙상에 포섭이 되기 때문에 법률행위 관점에서도 타인의 법익침해를 예견하거나 회피할 수 있다는 점을 고려하면 과실상계 이론을 적용할 수 있다는 것이다. 이와 관련하여 무증상으로 완치되었지만, 타인에게 감염 피해를 주는 경과실 가해자에게는 민법 규정 765조에 명시된 규정을 적용하여 배상액을 낮출 수 있는 청구를 할 수 있는 이론도 적용할 수 있고, 손해배상 범위를 낮출 수 있도록 규정하고 있는 실화책임법상처럼 감염병예방법상에서도 입법적인 해결 방안도 좋은 모색이라 본다.

악의의 감염병 가해자에게 징벌적 손해배상제도 도입에서는 감염병예방법상에 명시적 규정을 한다면 적어도 감염병 가해자의 악의적 행위에 대한 처벌과 억제기능면과 피해자에게 손해배상금을 3배로 확보할 수 있는 효과를 볼 수 있다. 만약 감염병예방법상에 입법적인 개선을 한다면 다른 개별 법률처럼 악의의 가해자에게 피해액이나 손해액의 3배를 넘지 않는 한도 내에서 징벌적 손해배상 책임을 물게 함으로써 피해자의 경제적 사정에도 도움이 될 것으로 보인다.

악의의 감염병 가해자의 소멸시효 기간 제한은 의료분쟁뿐만이 아니라, 감염병 피해의 경우에도 그 특성상 감염병마다 잠복기가 다르고 바이러스가 눈에 보이지 않기 때문에, 나중에 피해자가 손해나 가해자를 안 날로부터 불법행위 소멸시효의 기산점이 된다고 해석하는 것은 타당하다고 본다. 그러나 피해자가 손해 및 가해자를 안 날로부터 기산점으로 해석하다 보면, 소멸시효 장기 10년과 단기 3년의 경계가 불명확해지는 문제는 있다. 이외에도 통상적으로 가해자를 알지 못한 경우나, 가해자가 피해자를 적극적으로 은폐·기망·강박 등의 행위로 피해자는 소를 제기하기 어려웠던 사정 등을 고려할 필요도 있다. 이에 학계에서는 개선방안으로 불법행위 소멸시효를 독일처럼 소멸시효 30년으로 하고, 그 외에 일반적인 채권은 요즘 추세에 맞게 3년으로 개선하는 것을 제시하였는데, 우리 민법전이 소멸시효기간을 단기화 및 단순화하는 방향으로 가고 있는 상황을 고려한다면, 안 날로부터 3년을 기산점으로 삼아도 충분히 피해자가 보호받을 수 있다고 본다.

마지막으로 감염병관리센터 도입 및 활성화에서는 기존에 국립 의료원을 감염병관리센터로 확장 및 활성화하는 것뿐만이 아니라, 지자체에서도 적극적으로 더 많은 감염병 관리센터를 신설하여, 과거보다 구역을 더 좁혀서 감염병 예방과 관리를 해야 한다고 본다. 그러면서 감염병 위기 시 대응뿐만이 아니라, 감염병 전문 의료인, 역학조사관 등 전문인력을 상시 배치해 해외입국자나 어르신 등 취약계층을 집중 관리할 수 있고, 평상시에도 결핵, 매독, 에이즈 등 감염병 정보를 통합관리하고 위기 시에는 대량 검사 및 신속 진단을 통해 지역사회 감염을 조기 차단하는 역할도 할 수 있다. 이 시스템을 구축하면서 보건 및 의료 전문가 증언 제도도 도입하게 된다면, 민사소송에 피해자의 증언으로도 출석할 수 있어서 좋은 방법이라고 제시한다.

참고문헌

1. 국내문헌

가. 단행본

곽윤직, 「물권법」, 박영사, 2002.
______, 「채권총론」, 박영사, 2011.
김병일, 「의료계약법론」, 한국학술정보, 2006.
김상용, 「과실상계」, 고시계, 1990.
______, 「물권법」, 법문사, 2003.
김선중, 「최신실무 의료과오소송법 신정판」, 박영사, 2008.
김용한, 「물권법론」, 박영사, 1996.
김준명, 「병원감염의 이해」, 월간의약정보, 2004. 1.
김준호, 「계약법」, 법문사, 2011.
______, 「채권법」, 법문사, 2013.
김형배, 「채권각론」, 박영사, 2001.
김홍엽, 「민사소송법(제4판)」, 박영사, 2013.
양창수, 「독일민법전」, 박영사, 2015.
오서락, 「입증책임론」, 박영사, 1996.
이시윤, 「신민사소송법」, 박영사, 2003.
주호노, 「의사법총론」, 법문사, 2012.

나. 국내문헌

강달천, “유비쿼터스 시대의 개인 정보보호법제”, 중앙법학회 제6권 제2호, 중앙법학, 2004.
강성수, “전문가 감정 및 전문심리위원 제도의 개선 방안에 관한 연구”, 사법정책연구원, 사법정책연구원 연구총서, 2016.
경익수, “해상보험에 있어서의 인과관계에 관한 연구”, 한국해법학회지 제37권 제2호, 한국해법학회, 2015.
고형석, “의료분쟁조정절차의 개시요건에 관한 연구”, 의생명과학과 법제19권, 원광대 법학연구소, 2018.
곽동헌, “부동산등기에 관한 고찰”, 논문집 제2권 제1호, 안동교대, 1969.
권종칠, “입증책임분배에 있어서 법률요건분류설의 문제점에 관한 연구- 적극적 채권침해를 중심으로”, 연세대대학원, 박사학위 논문, 2008.
김기영, “병원의 환자보호의무와 한계-협의의 의료책임 이외의 병원책임의 책임 확대경향을 중심으로”, 한국의료법학회지 제20권 제1호, 한국의료법학회, 2012.
______, “영국의 의료과실책임에 관한 고찰”, 국제법무 제7권 제1호, 제주대법과정책연구소, 2015.
______, “건설도급계약에 있어서 양당사자의 협력의무”, 법학연구 제16권 제2호, 인하대 법학연구소, 2013.
______, “교통사고와 의료과오 경합의 경우 인과관계의 귀속”, 경희법학 제48권 제3호, 경희법학연구소, 2013.
김남순, “코로나바이러스감염증-19 현황과 과제”, 보건 복지 제373권, 한국보건사회연구원, 2020.
김대규·송명, “연구논문 점유취득시효완성의 효과”, 법학연구 제50권, 한국법학회, 2013.
김덕기, “업무상 질병으로 인한 사용자의 민사책임-안전배려의무와 인과 관계를 중심으로”, 동국대대학원, 박사학위 논문, 2020.
김두형, “세법상 납세자의 협력의무”, 조세법연구 제8권 제2호, 한국세법학회, 2002.
김민규, “우리나라 의료과실과 인과관계의 증명책임에 관한 판례법리의 검토”, 법학논총 제21권 제3호, 조선대 법학연구원, 2014.
김민중, “의료계약의 당사자로서의 환자와 관련한 문제에 대한 검토”, 대한의료법학회지 제10권 제2호, 대한의료법학회, 2009.
______, “醫療紛爭 判例의 動向과 問題點”, 대한의료법학회지 제1권 제1호, 대한의료법학회, 2000.
______, “의료계약”, 사법행정 제32권 제1호, 한국사법행정학회, 1991.
______, “醫療行爲에서의 法律問題와 醫師의 責任(上)”, 법조 제40권 제3호, 법조협회, 1993.

______, “의료과오책임에서 확장된 과실상계의 법리”, 동북아법연구 제5권 제3호, 전북대 동북아연구소, 2012.

김상겸, “독일의 의료정보와 개인정보보호에 관한 연구”, 한독사회과학논총 제15권 제2호, 한독사회과학회, 2005.

김상겸·문재태, “개인정보보호권에 관한 헌법적 연구”, 제도와 경제 제5권 제2호, 한국제도 경제학회, 2011.

김상찬·이충은, “징벌적 손해배상제도의 도입을 위한 비교법적 고찰”, 법학연구 제35권, 한국법학회, 2009.

김상영, “의료과오소송에 있어서의 인과관계·과실의 입증책임”, 법학연구 제37권 제1호, 부산대 법학연구소, 1996.

김상용, “의료계약”, 아세아여성법학 제2권, 아세아여성법학연구소, 1999.

김상원, “불법행위로 인한 손해배상청구에 있어서 과실상계의 산정기준”, 재판자료 5집, 대법원 법원행정처, 1980.

김상훈, “성년후견제도의 도입과 민사소송법상의 소송능력 등”, 강원법학 제41권 제1호, 강원대 비교법학연구소, 2014.

김성준, “DNA정보에 대한 비교법적 고찰”, 한독사회과학논총 제19권 제4호, 한독사회과학회, 2009.

김성욱, “일본의 소멸시효제도에 관한 민사법적 고찰”, 법학연구 제48권, 한국법학회, 2012.

김성룡·백자민, “의료계약과 치료중단에 있어서의 의사의 보증인적 지위”, 법학논고 제29권, 경북대 법학연구소, 2008.

김세권, “불법행위로 인한 손해배상청구권의 소멸시효-한국과 일본의 민법개정안을 중심으로”, 재산법연구 제30권 제1호, 한국재산법학회, 2013.

김세준, “의료계약에 있어서 비밀유지의무위반의 민법상 책임”, 법학연구 제53권, 한국법학회, 2014.

김영두, “이행청구권에 대한 비교법적 검토”, 연세법학연구 제9권 제2호, 연세법학연구, 2003.

김영미, “병원감염관리의 구체적 업무전략 제시-일 종합병원을 중심으로”, 연세대보건환경대학원, 석사학위 논문, 2005.

김용빈, “의료과오소송에 있어 입증책임 완화에 따른 의료과실의 의미와 판단기준”, 대한의료법학회지 제9권 제1호, 대한의료법학회, 2008.

김용한, “의료행위에 의한 책임”, 법조 제32권 제6호, 1983.
김원규, “상법상 정보제공의무의 개선을 통한 보험계약자 보호에 관한 연구”, 법학연구 제74권, 한국법학회, 2018.
______, “고지의무의 수동화 논의에 대한 소고”, 법학연구 제44권, 한국법학회, 2011.
김은일, “직업의 자유를 제한하는 감염병에 대한 헌법적 해석”, 한국의료법학회지 제27권 제2호, 한국의료법학회, 2019.
김일룡, “의료과오소송에 있어서 판례상 책임제한 사유의 법적 근거에 대한 비판적 고찰”, 의생명과학과 법 제15권, 원광대 법학연구소, 2016.
김재완, “반도체산업 노동자의 암 발병과 직업병 인정을 위한 법적 방안”, 민주법학 제44호, 민주주의법학연구회, 2010.
김주석, “보험계약 체결 전 정보제공의무와 우리의 보험영업실무”, 고려법학 제81권, 고려대 법학연구원, 2016.
김준명, “병원감염의 국내 발생현황”, 대한내과학회 제57권 제4호, 대한내과학회, 1999.
김지영, “병원내 감염 대응을 위한 공법적 고찰-프랑스 사례를 중심으로”, 법과 정책연구 제18권 제3호, 한국법정책학회, 2018.
김천수, “진료계약”, 민사법학 제15권, 한국민사법학회, 1997.
______, “사고의 경합과 의료과오책임-의료사고와 기타사고의 경합으로 인한 손해의 귀속을 중심으로”, 대한의료법학회지 제5권 제2호, 대한의료법학회, 2004.
______, 기왕증을 포함한 피해자의 신체적 소인 및 진단과오가 불법행위책임에 미치는 영향“, 성균관법학 제16권 제3호, 성균관대 비교법연구소, 2004.
______, “중동호흡기증후군 2015년 사태와 관련된 의료법령의 분석과 입법론-의료법 및 감염병의 예방 및 관리에 관한 법률의 쟁점 조항을 중심으로” 대한의료법학회지 제16권 제2호, 대한의료법학회, 2015.
______, “감염방지의무와 민사책임”, 법조 제69조 제5호, 법조협회, 2020.
김태관, “건설도급계약에서 도급인의 협력의무에 관한 소고-책무와 채무의 구별 기준에 관한 입론”, 홍익법학 제17권 제4호, 홍익대 법학연구소, 2016.
김태수, “의료인 등에 대한 폭행 등에 대한 처벌규정의 문제점과 개선방안-의료인을 중심으로”, 법학논총 제46권, 숭실대 법학연구소, 2020.
김한나, “한의사의 의과의료기기 사용 규제에 관한 검토”, 대한의사협회의료정책연구소 연구보고서, 대한의사협회 의료정책연구소, 2018.

김형수, “약화사고의 민사적 책임에 관한 연구”, 논문집 제26권 제1호, 제주대학교, 1988.
남준의, “의료과오소송에서 요구되는 의사의 주의의무”, JEONBUK LAW JOURNAL 제1권 제1호, 전북대법학전문대학원 학술지편집위원회, 2010.
노종천, “EU계약법상 건설도급인의 협력의무”, 외법논집 제43권 제1호, 한국외국어대 법학연구소, 2019.
류승훈, “과실상계에 관한 연구”, 외법논집 제8권, 한국외국어대 법학연구소, 2000.
류화신, “의사의 전문가책임-진료과오를 중심으로”, 민사법연구 제15권 제2호, 대한민사법학회, 2007.
문재태, “개인정보보호권의 실현에 관한 연구”, 비교법연구 제12권 제2호, 동국대학교 비교법문화연구원, 2012.
문현철, “해외 감염병재난 대응체계의 개선 방안에 관한 연구-감염병의 예방 및 관리에 관한 법률의 대응규정을 중심으로”, 인문사회 21 제11권 제1호, 사단법인 아시아문화학술원, 2020.
민국현, “의사의 정당한 사유에 의한 의료계약 해지권 검토”, 한국의료법학회지 제26권 제2호, 한국의료법학회, 2018.
______ , “사무장병원에서 민법상 의료계약의 적법성에 대한 검토”, 한국의료법학회지 제26권 제1호, 한국의료법학회, 2018.
박덕봉·명순구, “현대 의료기기의 사용과 한의사의 면허 범위”, 고려법학 제83호, 고려대 법학연구원, 2016.
박동매, “침권책임법에 따른 의료과실민사책임”, 성균관법학 제24권 제1호, 성균관대 법학연구소, 2012.
박동진, “과실상계에서 과실의 의미”, 연세법학연구 제7권 제1호, 연세법학회, 2000.
______, “피해자측 과실이론과 과실상계”, 비교법학 제17권 제3호, 한국비교사법학회, 2010.
______, “채무불이행에 의한 손해배상의 범위결정구조”, 연세법학연구 제8권 제1호, 연세법학회, 2001.
박득배, “채무불이행에서 정신적 손해배상의 청구”, 법학논총 제33권, 숭실대 법학연구소, 2015.
박미정, “감염병 대응관련 언론보도와 개인정보보호”, 언론과 법 제15권 제3호, 한국언론법학회, 2016.

박수곤, "의료계약의 민법편입과 과제", 민사법학 제60권, 한국민사법학회, 2012.
박영규, "통상손해의 범위", 서울법학 제19권 제3호, 서울시립대 법학연구소, 2012.
______ , "私法上의 權利行使期間 : 消滅時效期間과 除斥期間을 둘러싼 몇가지 爭點들", 한국민사법학회 제18권, 민사법학, 2000.
박영호, "醫療過失訴訟에 있어서 過失과 因果關係의 立證과 그 方法", 한국법학원 제77호, 저스티스, 2004.
박원규, "감염병예방법상 이동제한조치에 대한 법적 검토-코로나19 관련 독일의 법적상황 및 논의를 중심으로", 경찰법연구 제18권 제2호, 한국경찰법학회, 2020.
박정기, "반사회질서 법률행위의 유형화에 관한 연구", 토지법학 제16호, 한국토지법학회, 2000.
박정일, "감염병으로 인한 격리조치에 관한 소고", 대한의료법학회지 제16권 제1호, 대한의료법학회, 2015.
박종렬, "불법행위에 있어서 인과관계에 관한 연구", 조선대대학원, 박사학위 논문, 2006.
______, 최환석, "손해배상범위에 관한 인과관계의 연구", 한국콘텐츠논문지 제6권 제4호, 한국콘텐츠학회, 2006.
박종원, "환경오염피해 배상 및 구제 제도 개선을 위한 입법방안 연구- 환경오염피해 배상책임 및 구제에 관한 법률에 따른 행정적 구제제도를 중심으로", 법과 정책연구 제15권 제4호, 한국법정책학회, 2015.
박지용, "산부인과 의료과오소송에 있어 판례상 책임제한 법리-하급 심판례의 분석을 중점으로", 서울대학교 법학 제55권 제2호, 서울대 법학연구소, 2014.
박희호, "계약상 협력의무에 관한 연구", 외법논집 제33권 제3호, 한국외대 법학연구소, 2009.
______, "책임법에 있어서 인과관계의 구체적 척도에 관한 연구", 동아법학 제56호, 동아대 법학연구소, 2012.
배병일, "취득시효에 있어서 시효완성자와 원소유자", 민사법학 제49권 제1호, 한국민사법학회, 2010.
백경희, "환자의 진료협력의무와 의사의 의료과실", 의료법학 제13권 제1호, 대한의료법학회, 2012.
______, 이인재,"의료과실책임과 유해물질 제조물책임에서의 인과관계에 관한 최근 판결의 동향 및 증명책임 경감 논의에 대한 검토", 경희법학 제47호 제3권, 경희대 법학연

구소, 2012.
______, “의료사고 민사책임의 성립과 범위에 관한 연구”, 고려대대학원, 박사학위 논문, 2009.
______, “환자의 소인으로 인한 의료인의 책임 제한에 관한 소고”, 강원법학 제49권, 강원대 비교법학연구소, 2016.
______, “의료과오소송에 있어서 인과관계의 판단과 입증책임에 관한 판례의 최근 경향”, 의료법학 제8권 제1호, 대한의료법학회, 2007.
______, “의료사고 민사책임과 소멸시효”, 한국의료법학회지 제20권 제1호, 한국의료법학회, 2012.
______, 장연화, “사무장병원의 개설과 부당청구에 대한 규제에 관한 소고”, 한국의료법학회지 제23권 제2호, 한국의료법학회, 2015.
백승흠, “의료행위의 동의능력과 대낙의 범위-독일 일본법과 비교하여”, 한독사회과학논총 제22권 제4호, 한독사회과학회, 2012.
범경철, “의사의 설명의무와 환자의 자기결정권”, 의료법학 제4권 제2호, 대한의료법학회, 2003.
석희태, “의사의 설명의무”, 고시연구 제25호 제5권, 고시연구사, 1998.
선종수, “의료법상 의료행위의 개념과 그 판단기준”, 의생명과학과 법 제17권, 원광대 법학연구소, 2017.
성대규, “상당인과관계설의 본래적 의미 한계와 중요조건설-업무상 재해의 사례를 중심으로”, 법학연구 제22권 제3호, 인하대 법학연구소, 2019.
성승현, “채무불이행법 개정안의 '불완전이행' 개념 도입에 대한 단상”, 법학논총 제21권 제3호, 조선대 법학연구원, 2014.
손영수, “진료기록과 환자의 프라이버시”, Obstetrics & Gynecology Science 제51권 제2호, 대한산부인과학회, 2008.
손연우, “의사의 설명의무의 법적지위에 관한 연구”, 한양법학 제26권 제2호, 한양법학회, 2015.
송덕수 외 5명, “時效 및 除斥期間 관련 개정논의 예상 主要論點과 立法例”, 민사법학 제46권, 한국민사법학회, 2009.
송오식, “의료과오의 계약법적 구성”, 법학연구 제48권 제1호, 부산대 법학연구소, 2007.
______, “소비자계약에서 정보제공의무”, 법학논총 제29권 제1호, 전남대법학연구소, 2009.

송혜정, “과학적 증거에 대한 법원의 판단기준”, 재판자료: 형사법 실무연구 123집, 2012.
신국미, “계약상의 이행청구권”, 안암법학 제30호, 안암법학회, 2019.
신은주, “의료과오소송 입증책임론의 전개와 발전”, 의료법학 제9권 제1호, 대한의료법학회, 2008.
______, “의료과오에 있어서 인과관계에 관한 판례의 고찰”, 한국의료법학회지 제20권 제2호, 한국의료법학회, 2012.
______, “의료사고 피해구제 및 의료분쟁 조정 등에 관한 법률에 있어서 조정제도 및 향후 전망”, 한국의료법학회지 제19권 제1호, 한국의 료법학회, 2011.
______, "의료법인의 영리자법인 설립에 관한 법적 고찰", 한국의료법학회지 제22권 제2호, 한국의료법학회, 2014.
신현호·김기영, “개정 의료분쟁조정법 시행에 따른 의료분쟁조정제도에 관한 현황과 과제”, 인권과 정의 제467호, 대한변호사협회, 2017.
장병주, “반사회질서 법률행위의 효력”, 동아법학 제47호, 동아대 법학연구소, 2010.
장석천, “의료정보보호와 민사법적 문제”, 법학연구 제28권, 한국법학회, 2007.
장재현, “의료과오의 민사책임에 관한 법리”, 논문집 제22권, 동국대학교, 1983.
장재옥·이은옥, “징벌적 손해배상 개념의 수용가능성”, 법학논문집 제39권 제3호, 중앙대 법학연구원, 2015.
전광백, “의료과오 주의의무”, 비교사법 제12권 제3호, 한국비교사법학회, 2005.
전병주, “신종 감염병 전염과 국가의 손해배상책임에 관한 연구-메르스판결을 중심으로”, 인문사회21 제11권 제3호, 사단법인 아시아문화학술원, 2020.
전 훈, “질병에 의한 재난과 공법적 대응”, 토지공법연구 제79권, 한국토지공법학회, 2017.
정도희, “환자의 의료상 비밀 보호”, 가천법학 제4권 제1호, 가천대 법학연구소, 2011.
정문식, “감염병의 대유행에 있어서 의약품 부족 시 의약품 제공기준에 관한 헌법적 정당성”, 대한의료법학회지 제13권 제1호, 대한의료법학회, 2012.
정선주, “법률요건분류설과 증명책임의 전환”, 민사소송 제11권 제2호, 한국민사소송법학회, 2007.
정진경, “실무연구(實務硏究)-전문심리위원을 활용한 의료사건재판”, 법조협회 제59권 제10호, 법조, 2010.
정진명, “계약당사자의 신뢰와 해지의 자유”, 민사법학 제76호, 한국민사법학회, 2016.
정태종, “감염병 예방 및 관리에 관한 법률의 내용과 개선방안”, 법학 연구 제79권, 한국법학회, 2020.
정혜옥, “행정상 즉시강제에 관한 연구”, 법학논고 제40호, 경북대 법학연구원, 2012.
정효성, “의사의 치료의무와 환자의 죽을 권리에 대한 형법적 연구”, 고려대대학원, 박사학위 논문, 2010.
조민석, “계약에 의한 부동산매매(소유권 이전)의 법리”, 한국지적정보학회지 제12권 제2호, 한국지적정보학회, 2010.
______, “의료과오소송에서 손해배상에 관한 연구”, 법률실무연구 제4권 제2호, 한국법률실무학회, 2016.
진상명·주창범, “감염병 관련 보건행정과 개선방안 연구”, 사회과학연구 제24권 제3호, 동국대 사회과학연구원, 2017.
최명구, “취득시효의 존재이유와 소유의 의사에 대한 비교법적 검토”, 한국토지법학회 제25권 제2호, 토지법학, 2009.
최민수, “의료행위에 있어 환자의 진료거부와 의사의 설명의무”, 한국의료법학회지 제21권 제1호, 한국의료법학회, 2013.
최상희, “의료과오의 민사책임”, 법학연구 제20권 제1호, 충남대 법학연구소, 2009.
최재천, “의사의 의료행위에 있어서의 주의의무의 기준”, 판례월보 323호, 판례월보사, 1997.
최정훈, 감염병으로 본 북한 보건의료체계의 실태연구”, 고려대대학원 북한학과, 석사학위 논문, 2019.
최진수, “기왕증 등 피해자의 소인에 따른 책임제한에 관하여”, 실무논단, 서울지방법원, 1998.
최원준, “채무불이행으로 인한 손해배상의 범위”, 법학연구 제15권 제1호, 경상대 법학연구소, 2007.
최윤효, “징벌적 손해배상제도에 관한 비교법적 연구”, 계명대대학원법학과, 박사학위 논문, 2018.
최행식, “환자의 협력의무 위반과 과실상계”, 의생명과학과 법 제10권, 원광대 법학연구소, 2013.
______, “성형수술의 법적 성질과 책임에 관하 한고찰”, 한국의료법학회지 제20권 제2호, 한국의료법학회, 2012.
추무진, “2017국민을 위한 보건의료 정책제안”, 대한의사협회 의료정책연구소 정책자료집,

대한의사협회 의료정책연구소, 2017.
오명돈, “감염병의 병인론”, 병원약사회 제15권 제3호, 한국병원약사회, 1998.
오승연·김동겸, “의료보험 재정누수 방지를 위한 공,사 협력 필요”, KIRI Weekly 제357권, 보험연구원, 2015.
위계찬, “독일민법상 인과관계 및 손해의 귀속”, 재산법연구 제31권 제2호, 한국재산법학회, 2014.
______, “독일 손해배상법상 입증책임”, 법학연구 제19권 제1호, 충남대 법학연구소, 2008.
유성희, 김동련, “소결시효 기간에 관한 민법 개정안-논의 일본 민법 개정안과의 비교”, 입법정책 제9권 제1호, 한국입법정책학회, 2015.
유정은, “국민건강보험공단에 대한 허위 부당청구에 관한 형사법적 연구”, 고려대대학원, 박사학위 논문, 2016.
유현정, “병원감염 사건에서 증명책임 완화에 관한 입법적 고찰-개정 독일민법을 중심으로”, 의료법학 제16권 제2호, 대한의료법학회, 2015.
윤석찬, “病院感染損害에 대한 責任問題와 그 對策方案”, 비교사법 제15권 제3호, 한국비교사법학회, 2008.
______, “독일민법의 소멸시효제도”, 법학연구 제62권 제1호, 부산대학교 법학연구소, 2021, 234-235면.
윤진아, “독일의 감염병 예방 및 관리 법제 고찰”, 법과 정책연구 제18권 제4호, 한국법정책학회, 2018.
이경환, “감염병 관련 법적분쟁과 규제에 관한 합리적 해결방안”, 의료정책포럼 제13권 제3호, 대한의사협회 의료정책연구소, 2015.
이덕환, “미국법상 의사무능력환자의 생명유지 치료에 대한 의사결정”, 비교사법 제10권 제1호, 한국비교사법학회, 2003.
이동필, “의료법 위반과 국민건강보험공단에 대한 민법상 불법행위책임”, 대한의료법학회지 제16권 제2호, 대한의료법학회, 2015.
이부하, “환자의 의료정보권”, 한양법학 제17권, 한양법학회, 2005.
______, “헌법상 직업의 자유에 관한 연구-직업선택의 자유와 자격제도와의 관계를 고찰하며”, 한국법학원 제173호, 저스티스, 2019.
이상돈, “환자측의 진료거부와 의사의 의무”, 대한법의학회지 제22권 제2호, 대한법의학회, 1998.

______, “진료거부와 응급의료거부-이론 정책 도그마틱”, 법학논집 제33권, 고려대 법학연구원, 1997.
이승현, “부당이득의 보충성에 대한 서론적 고찰”, 성균관법학 제29권 제1호, 성균관대 법학연구소, 2017.
______, “미국의 법 영역에서 문제되는 인과관계와 역학적 인과관계의 관계에 대한 고찰”, 법학연구 제21권 제3호, 인하대 법학연구소, 2018.
이점인, “징벌적 손해배상제도의 도입 필요성과 가능성에 대한 일고찰”, 동아법학 제38호, 동아대 법학연구소, 2006.
이정환, “의료과오에 있어서의 인과관계론”, 의생명과학과법 제11권, 원광대 법학연구소, 2014.
이재경, “환자의 권리보호와 의료계약의 입법에 관한 검토”, 법학연구 제53권, 한국법학회, 2014.
이재석, “과실상계의 성립요건에 관한 일고찰”, 민사법연구 제14권 제2호, 대한민사법학회, 2006.
이재우, “불법행위법상 인과관계에 관한 연구”, 연세대대학원, 박사학위 논문, 2015.
이재하, “손해배상의 범위에 관한 연구”, 청주대대학원, 박사학위 논문, 2019.
이준복, “통합 개인정보보호법 시행의 함의와 시사점”, 정보법학 제15권 제3호, 한국정보법학회, 2011.
______, “코로나바이러스(COVID-19)팬데믹 사태의 합리적 대응을 위한 법적 고찰-감염병 환자의 정보 활용 범위에 대한 제언”, 강원법학 제61권, 강원대학교 비교법학연구소, 2020.
이창상, “과실상계의 법리에 관한 고찰”, 경성법학 제8권, 경성대 법학연구소, 1999.
이창형, “유독물질 노출로 인한 불법행위 책임에 대한 소고”, 사법 제1권 제43호, 사법발전재단, 2018.
이천현, “실효적인 감염병 예방 및 관리를 위한 형사정책 대응방안 연구”, 형사정책연구원 연구총서, 한국형사정책연구원, 2015.
이얼·김한나, “개정 의료분쟁조정법의 전망과 과제”, 대한의사협회 의료정책연구소 연구보고서, 대한의사협회 의료정책연구소, 2017.
이연갑, “역학연구결과에 의한 인과관계 증명”, 법조 제61권 제7호, 법조 협회, 2012.
이영규, “의료계약의 특질과 구조”, 법학논총 제12권, 한양대 법학연구소, 1995.

이용식, “상당인과관계설의 이론적 의미와 한계-상당성의 본질”, 서울대학교법학 제44권 제3호, 서울대 법학연구소, 2003.

이은영, “이른바 판례상 책임제한에서 고려되는 주요 요인”, 비교사법 제22권 제1호, 한국비교사법학회, 2015.

이은정, “반인권 국가범죄에 관한 소멸시효 기산점 연구”, 서울대대학원, 박사학위 논문, 2020.

이한주, “의료영역에서의 개인정보보호의 문제점과 해결방안”, 한국의료법학회지 제20권 제2호, 한국의료법학회, 2012.

이호행, “정보제공의무에 대한 비판적 고찰”, 고려법학 제72호, 고려대법학연구소, 2014.

임건면, “소멸시효 기간과 기산점”, 민사법학 제47권, 한국민사법학회, 2009.

임윤수·최현숙, “손해배상범위에 관한 입법적 분석”, 법률실무연구 제2권 제1호, 한국법이론실무학회, 2014.

표명환, “독일연방헌법재판소의 약국판결과 우리 헌법상의 직업의 자유의 해석론”, 한국헌법학회 제15권 제1호, 헌법학연구, 2009.

하윤수, “원인경합에 있어서의 책임분할에 관한 연구”, 동아대대학원, 박사학위 논문, 1993.

한태일, “징벌적 손해배상제도의 도입에 관한 연구”, 연세대대학원 법학과, 박사학위 논문, 2015.

허 용, “코로나바이러스감염증-19감염전파에 대한 환경보건학적 단상”, 한국환경보건학회지 제46권 제1호, 한국환경보건학회, 2020.

현두륜, “의료분쟁조정법 시행에 따른 성과와 과제”, 대한의료법학회지 제14권 제1호, 대한의료법학회, 2013.

황태윤, “등기청구권에 대한 소고”, 이화논집 제22권 제2호, 이화여대 법학연구소, 2017.

2. 외국문헌

Arbeitsgemeinschaft Rechtsanwalte im Medizinrecht e.V., 「Herausgeber, Waffen-Gleichheit das Recht in der Arzthaftung」, Berlin; New York Springer, 2002.

Ayala, Francisco, The Breach, The Antioch review Vol.56 No.1, Antioch Review,

Inc., 1998.
Karl-Otto Bergmann, 「Gesamtes Medizinrecht」, Baden-Baden: Nomos, 2012.
Bloomquist v. Wapello County, 500 N.W.2d 1, Iowa 1993.
Deutsch,Ahrens, Deliktsrecht, 5. Aufl., Koln, 2009.
Erwin Deutsch, Andreas Spickhoff, 「Medizinrecht : Arztrecht, Arzneimittelrecht, Medizinprodukterecht und Transfusionsrecht」, Springer, 2014.
Eggen, 「Toxic Torts ina Nutshell」, WEST 3rd ed, 2005.
herausgegeben von Frank Wenzel, 「Handbuch des Fachanwalts Medizinrecht」, Koln: Luchterhand, 2009.
Jacob, Of Causation in Science and Law : Consequences of the Erosion of Safeguards, 40 BUS. LAW 1229, 1232, 1985.
Karl Larenz, Lehrbuch des Schuldrechts, Band I: Allgemeiner Teil, 14. Aufl, 1987.
Michael Dore, A Commentary on the Use of Epidemiological Evidence in Demonstrating Cause-in-Fact, 7 HARV. ENVTL. L.REV. 429, 431, 1983.
Magaw v. Middletown Bd. of Educ., 323 N.J. Super. 1, 731 A.2d1196(App. Div. 1999).
Sugarman v. Liles, 460 Md. 396, 190 A.3d 344, 2018.
Wagner, Trans-Science in Torts, 96 YALE L. J. 428, 433, 1986.
曾淑瑜, 「醫療過失與因果關係(上)」, 臺灣: 翰蘆, 1998.
曾淑瑜, 「醫療過失與因果關係(下)」, 臺灣 翰蘆, 1998.
井上英治, 現代不法行爲論, 中央大學出版部, 2002.
石田 穰, 損害賠償法の再構成, 東京大出版會, 1980.
前田達明, 判例不法行爲法, 青林書院, 1980.
四官和夫,「事務管理,不當利得,不法行爲」(中), 現代法律学全集, 1983.
澤井裕, "損害賠償における因果關係", 2部.
星野英一外6人,「民法講座 6」(事務管理,不 當利得,不法行爲)有斐閣, 1985.
石橋 秀起, 交通事故と被害者の素因と医療過誤が競合した事例, 法学セミナー増刊 速報判例解説vol.18 , 2016.
石黒敏洋, 損害額 の 減額要因, 浅井登美彦・園尾隆司 編, 現代裁判法大系 第７巻 医療過誤,新日本法規出版, 1998.
オクトミ　アキラ, 労務ないし役務提供契約における受領遅滞と履行不能民法改正法案を契機とした問題処理のあり方の再提示, 上智法學論集 Vol. 59 Issue. 4, 上智大學法學會, 2016.
オクトミ アキラ, 受領義務論と受領遅滞責任論との関係は今後どう解すべきか (五・完) 両者の議論の峻別の提唱, 南山法学 Vol. 21, Issue 4, 南山大学法学部, 1998.
Yves-Marie LAITHIER 박수곤, "프랑스법상 醫事責任分野에서의 인과관계", 의료법학 제15권 제2호, 대한의료법학회, 2014.
松本恒雄, 日本における損害賠償法の現状と民法改正の方向性, 민사법학 65권, 한국민사법학회, 2013.

3. 기 타

강남내일신문, 전국 지자체 최초 감염병관리센터 설립, 2020. 6. 4.
경인일보, 방역용 개인 동선공개 어디까지? 다시 불붙은 사생활 침해 논쟁, 2020. 05. 12.
국민일보, 강남구 전국 지자체 최초로 감염병 관리센터 설립한다, 2020. 6. 4.
YTN, 코로나19 변이 다 잡는 범용 백신 1년 내 나올 듯, 2021. 2. 15.
서울NEWS, 17년 표류 '국립의료원' 이전…미 공병단 부지로 추진, 2020. 7. 2.
연합뉴스, 해외유입 변이 바이러스 감염자 6명 추가 확인...누적 94명, 2021. 2. 14.
질병관리청 코로나바이러스감염증19 국내 발생현황.
질병관리청 법정감염병 분류체계 개편 등에 따른 변경사항 참조.
연합뉴스, 국립중앙의료원 '감염병 콘트롤타워' 지정, 2016. 4. 13.
연합뉴스, 화성시, 감염병 대응 컨트롤타워 '감염병관리센터' 신설, 2020. 7. 13.

감염방지의무 위반의

법적 책임론

1판1쇄 2022년 4월 15일

저자 민국현
발행인 이경화

발행처 디자인21
주소 04560 서울특별시 중구 퇴계로 293-1 3층
전화 02-2269-6561(대)
팩스 02-2269-6568
e-mail 21publish@naver.com

등록번호 제1-1128호
등록일자 1991.2.12

ISBN 978-89-6131-082-6 93360

정가 12,000원

http://21publish.co.kr/
https://blog.naver.com/publish21